KB236681

아이는 놀이로, 엄마는 공부로 준비하는 초등학교 1학년

희재야,
학교 가자

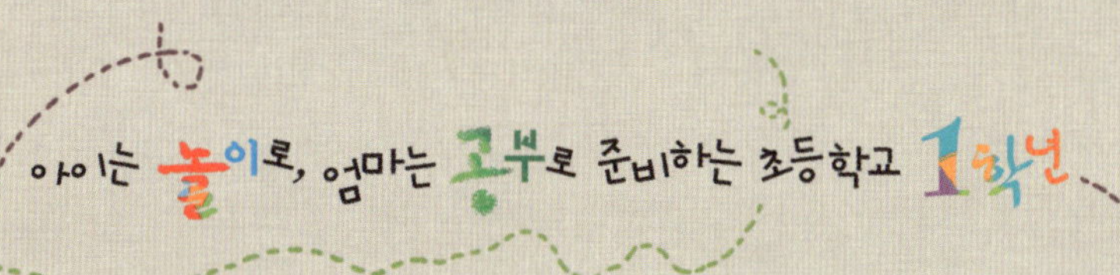

아이는 놀이로, 엄마는 공부로 준비하는 초등학교 1학년

희재야,
학교 가자

파란정원

| 작 가 의 말 |

　아이가 초등학교에 입학한다는 것은 참으로 가슴 뛰고 설레는 일입니다. 또 그만큼 두렵고 걱정스러운 일이기도 합니다. 무엇을, 어떻게, 얼마나 준비해야 하고, 또 언제부터 시작해야 할 것인지 그 누구도 정확한 답을 말하기는 어렵습니다.

　이렇듯 교육이 어려운 것은 정답이 존재하지 않기 때문입니다. 시대에 따라, 아이에 따라, 상황에 따라 그 방법이 바뀝니다. 하지만 분명 최선의 방법은 존재합니다. 아이를 잘 기르기 위해 끊임없이 방법을 찾고, 생각해야 합니다. 사람이 하는 일이니 시행착오도 있겠지만 다시 되돌릴 수 없는 우리 아이의 미래에 대한 밑그림입니다.

　초등학교는 아이가 처음으로 맞는 사회입니다. 아이 스스로 해야 할 일과 혼자 이겨내야 할 일들로 가득 차 있습니다. 아이가 학교라는 긴 여행에 어떻게 첫 발을 내딛느냐에 따라 마라톤과 같은 긴 여행은 즐거울 수도, 마지못해 끌려갈 수도 있습니다.

초등학교 교육에서 꼭 필요한 것이 자존감입니다. 그것은 비단 공부에서 뿐 아니라 아이의 전반적인 생활에서 키워져야 하는 것입니다. 모든 일의 시작은 자기 자신에 대한 믿음과 자존감에서 시작됩니다. 그리고 아이의 자존감은 부모님의 말과 행동에서 키워지는 것입니다. 교육기관의 힘만으로는 아이를 제대로 키울 수 없습니다. 아무리 우수하고 소문난 사교육이라 해도 그 방향을 잡기는 어렵습니다. 부모가 꼭 함께 해야 하는 것입니다.

언제나 다시 시도할 준비가 된 아이, 스스로 찾아 할 수 있는 아이, 자신의 긍정적인 힘을 믿는 아이로 기르기 위해 오늘도 아이와 열심히 놀고 있습니다. 초등학교에 입학을 앞둔 아이들을 위해 제가 가진 교육에 대한 생각과 입학을 준비하는 엄마로서의 계획을 부족하나마 이 책에 담았습니다. 예비 학부모들께 조금이나마 도움이 되었으면 합니다.

2010년 12월 황진영

car

bear

bee
laugh

1장

원칙을

세우고

행동

하라

① 자신감 속에 답이 있다

상상, 현실과 맞닥뜨리다

딸아이는 유치원에 가기 전 1년 동안 "난 유치원에 가면……."으로 시작하여 "유치원에서 ~를 할 거야."로 잠이 들었습니다. 그런 딸아이를 유치원에 보내던 첫날을 잊을 수가 없습니다.

태어나서 유치원에 가기 전까지 딸아이는 저와 떨어져 있던 시간을 아무리 더하고 더해도 채 10시간이 되지 않는 엄마 껌딱지였습니다. 그런 아이가 유치원 버스에서 너무나 기쁜 얼굴로 손을 흔들고 있는 모습은 대견함보다는 섭섭함과 큰 충격으로 다가왔습니다.

그렇게도 가고 싶어하던 유치원을 즐거이 한 달 다니고, 정확히 두 달 뒤 딸아이의 등원 거부가 시작되었습니다. 딸아이에게 현실 속 유치원은 책에서 보고, 텔레비전에서 보던 그런 유치원이 아니었습니다. 다툼이 나면 모두가 "미안해." "고마워." 하는 그런 곳 말이지요.

선생님도 좋은 분이셨지만, 급식을 빨리 먹지 못하는 딸아이에게 "선생님 옆으로 와서 먹자."라고 하신 단 하나의 사건으로 그동안 쌓였던 유치원에 대한 스트레스가 폭발해 버렸습니다.

게다가 소위 말하는 여자 아이들의 삼각관계에 끼여 한 아이가 "넌 미워!"라고 한 말에 한 달이 지나서야 지나가는 말로 "엄마, 난 예쁜데 ○○가 왜 날 밉대지?" 하고 너무나 의아해 하며 묻더군요. 마음이 아팠습니다. 딸아이가 변해야 한다는 것을 제일 잘 알기에 더욱 그랬습니다.

학교에 가면 어느 반에나 기가 센 아이가 있습니다. 파를 만드는 아이도 꼭 있고, 딸아이처럼 그 순간에 제대로 반응하지 못하는 아이 또한 있습니다. 더군다나 교사에게 제재를 받지 않고 학교생활을 한다는 것은 거의 불가능한 일입니다.

이런 상황들을 누구보다 잘 알지만 얼굴도 모르는 그 아이가 원망스럽고, 선생님께도 많이 섭섭했습니다. 그때 이게 엄마의 마음이구나 하는 생각이 들었습니다.

자신감, 그것으로 쌓여진 자존감

딸아이는 그 고비를 잘 넘겼습니다. 주기적으로 유치원을 가지 않겠다고 말하던 아이는 6살인 지금 유치원을 너무 좋아하는 자신감 넘치는 아이가 되었습니다. 이런 모습에 작년 담임선생님께서는 딸아이가 갑자기 쑥 자란 것 같다며 대견해 하셨고, 그 이야기에 저는 가슴이 뜨거워졌습니다.

이렇게 딸아이를 자라게 했던 주문은 바로 '나는 멋진 사람이다.' 입니다. 딸아이는 또래에 비해 작고, 말랐습니다. 목소리도 크지 않고, 어른들에게 천상 여자라는 말을 자주 들었습니다. 유치원에 가기 전까지 싸울 줄도 몰랐고, 누군가 하는 말에 반응을 보이는 것도 늦은 그런 아이였습니다.

지금 딸아이는 예전 모습을 알고 있던 어른들을 깜짝 놀라게 할 만큼 활발해졌고, 하고 싶은 말을 작지만 또박또박 말하는 아이가 되었습니다. 물론 기질이 크게 변한 것은 아닙니다. 이렇게 아이가 변할 수 있었던 것은 자신감을 키우는 연습 때문이었습니다.

신종플루 때문에 유치원에 보내지 않기로 한 3개월 동안 한글과 영어의 읽기와 쓰기를 끝냈고, 노래 발표회와 이야기 발표회를 거의 매일 수시로 했습니다. 선생님과 친구들이 딸아이를 너무나 그리워한다는 말과 하지만 지금은 유치원에 가지 못한다는 말, 그래서 참 속상하다는 말들을 나누며, 충분히 쉬고 충분히 즐기게 하였습니다.

또 "엄마가 어렸을 때 이런 친구가 있었는데……."라는 이야기로 아이들 간에 있을 수 있는 다툼과 그 대처 방법을 같이 이야기 했습니다. 다시 딸아이는 자신이 중요한 사람이라는 자신감을 갖게 되었고, 3개월이 지나 유치원에 다시 다니기 시작한 딸아이는 전과는 분명 달랐습니다.

시작은 단순합니다. 아주 작은 자신감 하나만으로도 많은 일들이 이루어집니다. 자신감이 있는 아이는 자기 자신에 대해서 긍정적으로 생각하게 되고, 그 긍정의 힘은 학교생활 전반에 걸쳐 놀라운 힘을 발휘합니다. 저는 초등학교에 입학하는 모든 학부모들과 아이들에게 말하고 싶습니다.

자신감으로 쌓여진 자존감이 아이가 성공하느냐 못하느냐를 결정하는 가장 중요한 열쇠가 됩니다. 그리고 초등학교는 성공의 열쇠인 자존감을 기르고 이것을 펼칠 수 있는 최고의 연습장입니다.

② 아이가 즐거워하는 포인트를 찾아라

엄마, 방향을 잃다

유아기부터 적어도 초등학교 중학년까지의 공부는 스스로 공부하는 힘을 기르고, 자기에게 맞는 방법을 찾아가는 과정입니다. 그 과정은 아이들에게 체험을 통해 이루어져야 하며 머리, 가슴, 몸에 각인되는 추억과 자극의 형태로 다가와야 합니다. 특히 학교라는 공교육을 시작하는 1학년은 더욱 그렇습니다.

그러기 위해 부모가 해야 할 일은 아이가 즐거워하는 포인트를 찾는 것입니다. 아이에게 어떤 방법으로 접근을 했을 때 집중하는 시간이 길었고, 또 기억을 더 잘했는지 많은 방법을 경험하게 하여 찾아야 합니다.

불행인지 다행인지 그 많은 방법들은 너무나 많은 책과 인터넷 카페에 있습니다. 하지만 앞에서 말했듯 불행히도 너무나 많습니다. 처음 인터넷에서 대한민국 위대한 엄마들의 힘을 접했을 때 저는 벌어진 입을 다물기 힘들었습니다. 무섭기까지 했습니다.

다른 이보다 확고한 교육관을 가지고 있다고 스스로 자부하던 저도 처음에는 글 하나하나, 사례 하나하나에 정말 이리저리 많이 흔들렸습니다. 이것도 해야 할 것 같고, 저것도 해야 할 것 같았습니다. 또 블로그에 올라온 엄마표 교육을 하는 엄마들의 손이 마치 마술사 같이 느껴지기까지 했습니다.

얼마간의 시행착오와 뜬눈으로 지새운 밤을 뒤로하고 제가 배운 것은 엄마가 지치지 않고 아이와 즐기며 해야 한다는 것이었습니다. 과감히 엄마표 교구들의 대부분을 포기했습니다. 두 아이를 기르는 저에게는 너무나 벅찬 일이었고, 때때로 애써 만든 교구가 노력 만큼 효과를 얻지 못할 때는 오히려 아이에게 강요하고 있는 저를 보았기 때문입니다.

아이 몰래 놀이를 지휘하라

초등학교에 들어가기 전 아이는 스스로 자기가 충분히 놀고 있다고 생각해야 합니다. 하지만 엄마는 아이가 눈치챌 수 없도록 놀이를 지휘, 감독하여야 합니다.

놀이에는 엄마의 욕심도 평가도 강제성도 들어가면 안 됩니다. 그렇다면 무엇으로 어떻게 놀아주어야 할까요? 생각보다 놀이는 아주 쉽습니다. 몸놀이를 좋아하는 아이는 몸으로, 그림을 좋아하는 아이는 그림으로, 책을 좋아하는 아이는 책을 읽으며 놀면 됩니다.

물론 처음에는 엄마가 조금 힘들고 바빠지겠지만 아이와 함께 하는 놀이는 하면 할수록 더 재미있고, 다양한 생각이 떠오르게 됩니다. 처음에는 엄마의 머릿속에서 아이디어 대부분이 나오겠지만 놀이를 계속 하다 보면 점점 아이의 생각으로 놀이가 만들어집니다.

아이들 대부분이 몸으로 움직이는 것을 좋아합니다. 딸아이도 영어를 몸으로 표현하기를 많이 하는데 그중에서도 제가 좋아하는 놀이는 교구를 만드는데 많은 시간을 필요로 하지 않는 방법들입니다.

예를 들어 〈five little monkeys jumping on the bed〉를 틀어 놓고, 침대에서 뛰며 노래에 맞는 행동들을 하고 놉니다. 각종 인형들을 데리고 와서 'five dolls'를 하기도 하고, 동물 인형들을 데리고 와서 'ten animals'로 바꾸어 부르기도 합니다. 'jump' 대신에 'crawl'로 바꾸기도 하고, 'skip'으로 바꾸기도 합니다. 노래 한 곡으로 많은 영어 단어들을 자연스럽게 배우는 것입니다.

제가 그랬듯이 여러분도 구경하고, 감탄하며 살짝 자기 반성의 시간을 가진 뒤 아이에게 맞는 것, 엄마가 스트레스 받지 않고 해줄 수 있는 방법을 찾으면 됩니다. **이때 절대로 잊지 말아야 할 것은 첫째, 아이에게 적기인가? 둘째, 아이가 즐거워하는가? 입니다.**

놀이에서 배우는 즐거움을 찾을 수 있는 아이가 초등학교에서 접하는 다양한 학습 과정에서도 재미를 찾을 수 있습니다. **아이를 제일 잘 알고, 같이 놀 수 있는 엄마가 세상에서 가장 훌륭한 교구입니다.**

3 아이가 행복한 미래를 꿈꾸자

교육, 이상을 꿈꾸다

교육은 이상을 향한 것입니다. 어쩌면 절대로 이룰 수 없는 이상을 이루고자 하는 곳이 바로 교육 현장일지 모릅니다.

실용 교육이라는 말을 듣기조차 싫어하시는 스승님이 계십니다. 어찌 교육을 하는 사람의 입에서 효과적이니, 실용적이니 하는 말이 나오느냐며 비슷한 말이라도 입에 담을라치면 호통부터 치시는 그런 분입니다. 현장 분위기는 그렇지 않다고 맞받아치면 그걸 왜 바꾸지 못하느냐고 도리어 한소리를 들어야 합니다. 스승님께서는 이상을 꿈꾸지 않는 교사가 어떻게 아이를 가르치겠느냐며 이래서 공교육이 무너진다고 하십니다.

이상이 아니면 어디로 나아가야 하며, 교육을 하는 곳이 아니면 어디서 이상을 꿈꾸겠습니까? 그래서 저는 이상을 꿈꿉니다. 그런 곳이 초등학교였으면 좋겠고, 우리 아이들이 그런 학교에서 꿈꾸며 자랐으면 좋겠습니다.

얼마 전 텔레비전에서 초등학교 1학년 아이의 엄마가 대한민국 엄마들의 목표는 당연히 서울대라고 인터뷰하는 걸 보았습니다. 그 엄마의 아이는 12시가 넘어서야 일과를 끝내고 잘 수 있었고, 아침 6시에 기상을 하여 눈뜨자마자 수학 학습지를 풀어야 했습니다. 틀리면 틀린 수대로 손바닥을 맞기도 했습니다.

아이가 인터뷰에서 "선생님은 1학년이 틀릴 수 있다고 하셨는데, 엄마는 그걸 이해를 못해요." 하며 우는걸 보고 괜히 옆에 있는 남편에게 어떻게 저럴 수 있냐며 같이 펑펑 울었습니다.

저는 지금도 그 아이가 너무 안쓰럽습니다. 초등학교 1학년은 재미있어야 합니다. 매일이 설레이고, 처음 해보는 활동과 친구간의 교류가 신이 나서 어쩔 줄 몰라야 합니다. 그러나 현실은 그렇지 못합니다.

이런 이유로 대한민국 엄마 중 적어도 제 목표는 서울대가 아닙니다. 우리나라 최고의 대학에 딸아이가 들어간다면 기쁘겠지만 그게 딸아이를 교육시키는 목표는 아닙니다. 그리고 제가 맡은 아이들을 교육시키는 목표 또한 아닙니다.

아이들을 바라보며 첫마디를 떼기 전 내가 왜 여기 서 있는가, 내 교육의 목표는 무엇인가를 매순간 생각하고 입을 열라고 하셨던 스승님의 말씀처럼 아이의 교육에도 절대로 흔들리지 않을 목표가 있어야 합니다. 그리고 그 목표는 이상적인 것이어야 합니다.

아이의 마음이 담겨야 행복하다

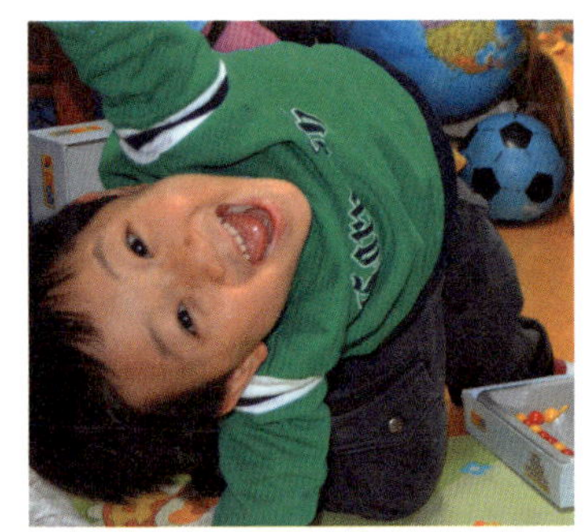

　　　　　　우리 아이들이 자신을 사랑하는 행복한 아이였으면
합니다. 작은 것에서 아름다움을 찾고, 기뻐할 수 있는 사람으로 키우고 싶습니다.
의미 있는 지식을 탐구하는 것이 얼마나 재미있는 일인지 아는 아이가 되었으면
좋겠습니다. 공부를 하는 이유가 눈앞에 시험 때문이 아니라 미래의 멋진 자신의
모습이며, 마음이 시키는 일이기를 바랍니다.

　그러기 위해 아이들은 스스로 공부할 수 있는 힘과 스스로 공부할 때의 즐거움
을 초등학교에서 배우고 익혀, 길고 힘든 시간을 혼자 싸워야 합니다. 그 시간
이 아이에게 어떤 의미로 남을지는 공부하는 방법을 찾아야 하는 초등학교에서
판가름 나게 됩니다.

　이때 부모가 해야 할 일은 아이 스스로 원하는 것을 찾고, 여기에 동기를 부여
하여 한 발씩 나아가는 모습을 격려하고 지지해 주는 것입니다. 우리 아이들의 미
래는 아이 스스로 만들어야 행복해집니다.

❹ 물고기를 잡는 법을 가르쳐라

'나'로 살 수 있는 방법을 가르쳐라

학교 시험에서 100점 맞는 법을 쓰고 싶지 않습니다. 우리 아이가 다른 아이들보다 평가에서 월등히 잘하게 되는 방법을 쓰고 싶은 것도 아닙니다. 당장 아이들이 100점을 목표로 공부하는 것은 그다지 어렵지 않습니다. 하지만 부모의 안내로 100점을 맞는 것은 길게는 초등학교까지 짧게는 저학년이면 끝입니다. 스스로 공부의 재미를 얻지 못하는 아이는 절대 앞으로 나아가지 못합니다.

그래서 아이가 학교에 들어가기 전인 지금 잠자고 있는 많은 감각들을 최대한 깨우고, 그 오감을 통해 지식을 얻는 것이 얼마나 즐거운 일인지를 알려주려 합니다. 또 어떤 방법으로 얻을 수 있는지도 가르칠 것입니다. 그래야 획일적인 교육일 수밖에 없는 공교육에서 자신의 본모습을 잃지 않고 '나'로 살 수 있습니다.

아이 스스로 주어진 것을 어떻게 받아들여야 하는지 깊이 생각하고 또 그것을 깰 수 있는 깨어 있는 아이가 되어야 합니다. 그것은 부모만이 할 수 있는 교육입니다.

공부할 수 있는 힘과 즐거움을 준비시켜라

　　　　　　　　1학년 아이들을 상대로 지필 시험을 치면 재미있는 답이 많이 나옵니다. 어떤 아이는 번호를 써야 하는 (　)에 예시된 글을 깨알 같은 글씨로 써넣기도 합니다. 참 고생했다는 말을 써 주고 싶은 시험지입니다. '그림을 보고 다음과 같이 쓰세요.'라는 문제를 보고 답을 '다음'이라고 쓰는 아이들도 있습니다.

　이런 기발한 답을 보면 아이들 머릿속에서 얼마나 많은 생각이 오갔을까 하는 생각에 기특합니다. '눈이 녹으면 무엇이 된다고 생각하나요?' 교사가 원하는 답은 '물'이었지만 '봄'이 된다고 얘기하는 아이도 있습니다.

　인지능력이 낮은 아이가 아니라 똑똑하다고 하는 아이들이 그런 실수 아닌 실수를 합니다. 사고가 유연하기 때문이라 생각합니다. 2학년만 되어도 많은 아이들이 모르는 답은 잘 쓰지 않습니다. 정답인지 아닌지 개의치 않고 생각하려는 힘이 안타깝게도 줄게 되는 것입니다.

　10개 중 마지막 하나의 답을 찾으려 할 때 뇌가 성장한다고 하니 이 시도들은 그 자체로 큰 의미를 가집니다. 그런 이유로 이 멋진 틀린 답들은 정답과 상관없이 생각했던 그 과정을 칭찬해주어야 합니다. 열심히 생각하려는 태도만으로도 충분한 가치가 있습니다. 그러나 현실은 이런 아까운 생각들이 획일적인 교육과 단답형 시험으로 사라진다는 것입니다.

시험은 기술적인 연습을 필요로 합니다. 위의 예들은 그 기술이 아직 미숙해서 일어나는 실수들이고, 어느새 자연스럽게 고쳐질 수 있는 실수들입니다. 엉터리 답이라도 그 사고의 과정을 인정받은 아이는 그 시도를 멈추지 않습니다. 하지만 열심히 생각해서 쓴 답을 부모나 교사에게 인정받지 못한 아이는 자기의 생각을 부끄러워하게 되고 시도도 하지 않는 아이로 바뀝니다.

준비된 아이만이 제대로 배울 수 있습니다. 그 준비는 당장 눈앞에 학습지를 많이 풀어보는 것이 아니라 많은 것을 담을 수 있는 그릇과 즐겁게 공부하고 싶은 내적 동기를 말합니다.

아이들에게 초등학교에 입학하기 전 공부할 수 있는 힘과 즐거움을 준비시켜야 합니다.

⑤ 성취감이 아이를 키운다

도전 속에서 자존감이 커진다

　　　　　　　아이에게는 틀릴 권리가 있습니다. 틀리는 과정에서 스스로 답을 찾아가는 길을 깨닫고, 또 그 재미를 알게 됩니다. 각종 지식이 넘치는 현대 사회에서 아이들의 가장 큰 재산은 스스로 공부할 수 있는 힘 그리고 재미일 것입니다.

　'과잉육아'라는 말이 있습니다. 아이가 스스로 생각할 시간·시도할 시간·실패에서 배울 시간을 주지 않고, 부모가 모두 대신해 주는 육아 방법을 말합니다. 이 육아 방법은 아이를 옳은 길로만 이끌고 싶은 부모의 뜻과는 달리 부모의 틀 안에 아이를 가둬버리는 결과를 가져와 아이의 반항심을 키우고, 새로운 것에 대한 불안감을 갖게 합니다.

　또 틀릴 때마다 야단을 맞거나 지적을 당하는 아이에게 틀리는 것은 부끄러운 일이 되어 버립니다. 그러면 자기가 해보지 않은 일이나 자신없는 일에는 전혀 도전하지 않는 자기 자존감이 낮은 아이로 자라게 됩니다. 이런 아이들은 자신감이 부족하여 쉽게 포기하고 주눅들어 있는 경우가 많습니다.

반면 '실수해도 괜찮다. 실수 속에서도 배우는 것이 있다.'라고 생각하는 부모 밑에서 자란 아이는 도전 자체를 즐깁니다. 자기가 무엇을 잘 하는지 또는 틀리지 않을까 하는 두려움을 뒤로 하고 일단 시도해 봅니다. **틀리면 다시하면 되고, 그 방법을 찾아 성공했을 때의 기분은 부모가 일러주는 방법으로 성공했을 때와는 비교도 할 수 없을 만큼 큰 기쁨을 줍니다.** 이 성취감을 통해 아이는 자신에 대한 자존감을 키우게 됩니다.

시행착오가 든든한 밑거름을 만든다

아이들에게 학습은 그야말로 긴 여행입니다. 앞에서 이끄는 대로 쉽게 주어진 길만 따라 가던 아이는 스스로 여행하는 법을 배우지 못해 다른 사람의 도움 없이는 목적지를 찾지 못하게 됩니다. 또한 주어진 길을 따라 가는 것이니 즐겁지도 재밌지도 않습니다.

아이가 학습할 때는 근질거리는 입을 꼭 닫고, 도와주고 싶은 손을 맞잡아야 합니다. 학습 중에 아이의 활동을 고쳐 주거나 핀잔을 주는 일 그리고 아이에게 생각할 기회조차 주지 않는 것은 아이를 돕는 것이 아닙니다. 아이 스스로 시행착오를 통한 배움의 기회를 빼앗는 것입니다. 아이의 시도와 색다른 방법의 도전에 박수를 보내고 실패했을 때는 그 시도와 과정을 칭찬해야 합니다.

말로 전달된 지식은 오래남지 않습니다. 내가 직접 해 보고 느끼는 것이야말로 아이에게 생생한 지식으로 남게 됩니다. '시행착오'는 꼭 필요한 과정입니다. 여러 실수를 통해 어떤 것이 의미 있는 활동인지 알아내고, 자기에게 맞는 학습 방법을 찾아낼 수 있습니다.

스스로 탐구하여 배움의 즐거움을 알고, 이를 통해 얻은 기억은 아주 오래 갑니다. 많은 지식을 학습해야 하는 시기에 시행착오를 통해 몸에 기억된 지식들은 아이에게 든든한 밑거름으로 저장된다는 걸 기억해야 합니다.

아이의 활동이 성공하지 못했다하더라도 그 시도는 충분히 칭찬을 받아야 합니다. 특히 아이의 자존감을 위해서는 여러 방법으로 시도했다는 것만으로도 아주 생산적이고 창의적인 활동입니다. 부모와 교사는 이런 아이를 찾아내어 격려해 주고 칭찬해 주어야 합니다.

학습 뿐 아니라 아이의 생활에서도 시행착오의 과정은 있어야 합니다. 아무리 부모의 그늘이 크고 넓어도 아이들을 완벽하게 보호하지는 못합니다. 아이들은 자기가 자신을 보호하는 법을 배워야 합니다.

끝까지 안 될 것 같던 일이 계속된 도전으로 성공하는 것을 몸으로 경험한 아이는 쉽게 좌절하지 않는 사람으로 큽니다. 작은 실패에 연연하지 않고, 그 실패가 거름이 되어 자신감 넘치는 사람이 되는 것입니다.

6 교사의 시선에 둔감해져라

　　　　　　　　　교사의 시선에 둔감해지라는 것은 초등학교 1학년 학부모에게 참 어려운 일입니다. 하물며 유치원을 처음 보낸 제 마음이 이러한데 초등학교는 그 예민해지는 마음이 더 클 것입니다. 하지만 교사에게 아이의 부족한 모습을 보이지 않기 위해 부모가 모든 것을 주관한다면 그 곳은 아이를 키우는 교육의 장이 될 수 없습니다. 그저 겉모습을 예쁘게 꾸미고 나가야 하는 발표회가 되어 아이와 부모님을 힘들게 할 뿐입니다.

　이런 행동은 아이의 사소한 실수에도 부모님을 예민하게 반응시켜 스스로 하는 법을 배워야 하는 아이를 전전긍긍하게 만듭니다. 또 학교생활에 민감한 부모 때문에 학교에 대한 이야기를 하지 않거나 스스로 자기 검열을 거쳐 민감한 부분은 숨기게 됩니다.

아이들은 교사에게 좋은 모습을 보이기 위해서 학교에 가는 것이 아닙니다. 소
사회인 학교를 통해 사람과 소통하는 법을 배우고, 학습하는 방법을 배우기 위
해 학교에 입학한 것입니다. 실수도 하고, 때로는 다른 길도 가보며 시행착오를
통해 자기에게 맞는 방법을 배워나가야 합니다.

부모는 아이 앞에서 교사의 시선에 너무 민감해지지 않으려 노력해야 합니다.
조금은 둔한 듯 반응해야 아이들이 조금 더 쉽고 편안한 마음으로 즐거운 학교생
활을 시작할 수 있습니다.

2장

학교, 그 작은 사회로 뛰어들다

❶ 우리 선생님은 특별해

교육의 질은 교사의 질을 뛰어넘지 못한다는 말이 있습니다. 특히 초등학교의 경우에는 더욱 교사의 질이 중요하다고 생각합니다. 그리고 교사의 질을 좌우하는 몇 가지 요소 중 아이와의 의사소통이 교육의 질을 결정하는데 가장 큰 비중을 차지합니다.

'의사소통'이란 가지고 있는 생각이나 뜻이 서로 통한다는 말입니다. 즉, 하나라도 더 배우려는 아이의 눈빛에 교사는 신이 나고 흥분하게 됩니다. 교사란 그런 사람들입니다. 교사를 선택할 수 없는 초등학교에서 아이가 할 수 있는 일은 교사에게 그 의지를 불태우게 하는 것입니다. 열심히 하는 아이가 있는 반은 교사가 허투루 가르치기 힘들고, 교사는 온 힘을 다해 수업을 하게 됩니다. 우리 아이들이 교사와 생각이나 뜻이 통하는 학생이 되기를 바랍니다.

선생님에 대한 확신과 믿음을 갖게 하자

아이에게 최고의 선생님은 아이의 마음속에 큰 사람으로 자리잡아야 합니다. 자기편이라는 확신과 자기를 좋아하는 사람이라는 믿음이 있어야 합니다. 그래야 교사의 사소한 말도 그 만큼의 무게를 갖게 되는 것입니다.

딸아이는 선생님이 유치원에서 제일 좋아하는 아이가 자기라고 한 치의 망설임도 없이 이야기합니다. 그런 딸아이가 가끔 부럽기까지 합니다. 선생님의 말은 절대 틀릴 수 없다는 확신도 가지고 있습니다. 결국 이것도 자신에 대한 긍정적인 생각이 기본을 이룹니다.

자존감이 강한 아이는 선생님의 말을 긍정적으로 받아들일 수 있습니다. 하지만 야단을 많이 맞고, 스스로 하는 일에 자신이 없는 아이는 같은 말도 꾸중으로 듣는 경우가 종종 있습니다.

선생님이 "○○는 장난꾸러기야."라고 했다며 아이가 부모님에게 와 자랑하듯 이야기합니다. 하지만 부모님의 귀에는 칭찬이 아닙니다. 오히려 속이 상해 "얼마나 말을 안 들었으면 그런 말을 듣니?" 하고 핀잔을 주게 됩니다. 그 아이는 선생님과 유대감을 느낀 순간이 부모님 때문에 선생님께 야단맞은 상황으로 바뀌게 됩니다. 아이가 선생님의 말을 헷갈려 할 때는 긍정적인 말로 바꾸어 이해시켜 주고, 교사가 아이에게 어떤 말을 해 주기를 바라기보다는 교사의 말을 어떻게 받아들일 것인가를 아이에게 가르치는 것이 더 좋은 방법입니다.

선생님에 대한 긍정적인 생각을 심자

가끔 어떤 상황을 두고 아이와 실랑이를 하는 부모님을 봅니다. 내일까지 준비물을 가지고 오라고 선생님이 얘기했는데, 부모님께서 꼭 내일까지 안 가져가도 된다고 얘기하는 경우입니다. 아이에게 교사의 말은 일관성이 있어야 하는 것입니다. 선생님이 해야 한다고 했는데, 부모님이 어겨도 괜찮다고 얘기하는 것은 아이에게 선생님의 말을 듣지 않아도 된다고 얘기하는 것과 같습니다.

내일까지 무슨 일이 있어도 가져가야 된다는 말은 아닙니다. 그럴 때는 "선생님께서 그렇게 얘기하셨구나. 내일까지 가져갈 수 있으면 참 좋을 텐데. 엄마가 선생님께 전화나 편지로 물어보기로 하자."가 우리 아이를 위해 더 좋은 행동입니다.

또한 아이에게 교사를 핑계로 협박하지 말아야 합니다. "이걸 해 가지 않으면 선생님이 널 혼내실 거야." "선생님은 떼 부리는 아이를 정말 싫어하신다고 했어." 처럼 아이를 위협하는 말들은 아이를 선생님에게 다가가지 못하게 만듭니다.

"학교에 다니는 아이들은 모두 다 해야 하는 일이야. 그러니 떼를 쓴다고 안할 수 없는 일이란다."로 끝날 수 있는 말들입니다. 하지만 많은 부모님들이 입학하기도 전인 아이들에게 아직 접하지 않은 일에 대해 협박을 합니다. 그렇지 않아도 유치원 선생님보다 가깝게 다가가기 힘든 학교 선생님을 거의 뿔 안 달린 괴물로 만들어 버리는 분도 있습니다.

어떤 분은 아이를 끌고 와서는 저에게 야단을 쳐 달라고 하는 분도 있었습니다. 아이에게 도움이 되지 않는 행동입니다. 아이의 마음속에 자리 잡은 선생님의 모습이 멋지고, 아이와 가까울수록 아이는 선생님에게서 더 많은 것을 배울 수 있습니다.

아이의 편에서 마음을 읽자

아이와 선생님과의 갈등 상황에서 부모는 일단 아이의 편이어야 합니다. 아이가 학교에서 야단을 맞았거나 선생님에게 섭섭했던 일이 있었다고 말할 때 부모는 아이의 마음을 읽어주면 됩니다. 교사의 편에서가 아니라 아이의 편에서 "그래서 속상했겠다." "엄마 같았으면 눈물이 나왔을 것 같아." "선생님께서 ○○의 마음을 알아주지 않아 섭섭했구나."에서 끝나도 됩니다. 아니, 그것이 좋습니다.

아이는 자기의 잘못을 알고 있습니다. 때로는 반성도 합니다. 다만 속상했던 기억을 누군가와 나누고, 진심이 담긴 위로를 받고자 하는 것입니다. 그런데 이런 아이의 마음은 읽어주지 않고, 교사 입장에서 충고하거나 상황에 대한 훈계를 하는 것은 아이의 입을 닫게 하고, 반항심을 키우게 됩니다.

부모는 아이의 마음에 공감해 주고, 감정을 나타낼 수 있도록 도와주어야 합니다. 하지만 그 방법이 교사의 입장을 변호하거나 비판하는 것은 좋지 않은 방법입니다.

다만 아이의 말을 세상 그 무엇보다 중요한 일처럼 들어주고, 공감의 말을 주고받는 것으로 아이의 맺힌 마음을 풀어줄 수 있습니다. 감정을 읽어주는 일은 절대로 미루거나 모자라서는 안 되는 일입니다.

학교생활의 대부분을 차지하고 있는 것이 사람과의 관계입니다. 잠시 어렸을 때를 되짚어 보면 지금은 아무 것도 아닌 일들에 그땐 아주 크게 상심하고 고민했던 기억이 있을 것입니다. 아이에게 '아무 것도 아닌 일'이라 위로하는 것도 아이와 벽을 만드는 말이 될 수 있습니다. 충분히 공감하고 충분히 마음을 토닥여 주는 것이 꼭 필요합니다.

아이와의 대화에서 꼭 기억해야 할 것은 충분히 공감한다는 것을 아이가 느낄 수 있도록 표현하고, 그 대화 속에 교훈은 필요없다는 것입니다.

긍정적인 사고 속에서 자신감이 나온다

손가락을 깨물면 모두 아프지만 교사도 사람인지라 특별히 눈에 들어오고 예쁜 손가락은 분명히 있습니다. 몇 해 전에 4학년을 가르치며 참 예뻐한 아이가 있었습니다. 행동도 정갈하고 제 눈에 잘 자란 아이였습니다.

가끔 학기 중에 아이들의 마음을 읽는 활동으로 설문조사를 하는데 그중 선생님이 자기를 얼마나 예뻐하는지에 대한 질문이 있었습니다. 그런데 그 아이의 대답은 의외로 1~5 중 2였습니다. 반면 자주 지적을 받던 남자 아이가 5라고 자신있게 쓰는 것을 보며 많이 놀랐습니다.

아직도 그 아이의 마음을 이해할 수는 없지만 긍정적인 생각이 혹시 이런 결과를 가져온 것이 아니었나라는 생각을 하게 됩니다.

우리 아이들이 다른 사람의 평가에 많은 영향을 받지 않는 뿌리가 깊은 아이로 자라기를 바랍니다. 그러기 위해서는 다른 사람의 마음이나 행동이 자기를 비판한다고 생각하지 않고, 자신에게 호감을 가지고 있다고 스스로 자신감을 가질 때 가능합니다. 이런 마음의 토대는 부모가 만들어 주는 것입니다.

아이가 선생님이 자기를 좋아한다는 사실에 의문을 갖지 않게 해야 합니다. 설사 사실이 아니더라도 아이가 그렇게 믿으면 그 1년 동안 아이는 더 많은 것을 배우고, 더 많이 크게 될 것입니다.

또한 사람과의 관계는 언제나 상호작용이라 어느 한 사람만 노력해서는 이루어지지 않습니다. 교사와 학생이 함께 만들어 가야 하는 것입니다. 아이가 선생님을 긍정적인 모습으로 받아들이고 있다면 교사 또한 자신을 따르고 좋아하는 아이에게 긍정적인 모습으로 남고자 노력하며 좋은 관계로 발전하게 되는 것입니다.

아이의 자신감을 키우는 또 하나의 좋은 방법이 자신에 대한 긍정적인 말을 엿듣게 하는 것입니다. 자신감을 키우기 위해 칭찬을 거짓으로 하라는 것은 절대 아닙니다. 과장하거나 얼버무리는 것도 좋지 않습니다. 될 수 있으면 결과보다는 노력하는 과정에 대한 칭찬을 많이 해 주어야 합니다. 아이가 들을 수 있도록 의도된 칭찬이지만 다른 사람에게 하는 말을 우연히 듣게 된 아이의 마음에는 자신에 대한 긍정적인 평가가 조금씩 싹트게 될 것입니다.

선생님과 나는 특별해

우리 선생님이 아니라 내 선생님이 되기 위해서는 아이가 개인적으로 선생님과 친하다는 생각을 할 수 있는 경험이 필요합니다. 일기장에 선생님께 편지를 써서 짧은 답장을 받는다거나, 청소 후 아이들이 모두 간 교실에서 선생님과 이야기를 나누는 짧은 시간도 아이에게는 특별한 시간이 될 수 있습니다. 또 엄마와 선생님이 나누신 자기에 대한 긍정적인 이야기도 아이들에게 도움이 됩니다.

그 예로 딸아이는 "선생님께서 우리 ○○에 대해서 ~라고 얘기를 하시네요." 하고 아빠나 다른 사람에게 전하는 얘기를 무심한 듯 즐거워하며 듣습니다. 이런 경우 과장되거나 애매모호한 표현보다는 어떤 사실에 대한 에피소드가 훨씬 효과가 있었습니다.

사람과의 긍정적인 관계는 아이에게 큰 배움이 됩니다. 또 자기를 사랑할 수 있는 기반이 됩니다. 아이를 긍정적으로 바라보며 표현해 줄 수 있는 사람이라면 누구라도 좋습니다. 학교 선생님이나 학원 선생님, 엄마 친구 모두 긍정적인 관계가 될 수 있습니다. 작지만 이런 노력들이 아이의 긍정인 힘을 키우는데 큰 역할을 하게 됩니다.

좋아하는 상대에게서는 아주 작은 것도 큰 가르침이 될 수 있습니다. 좋아하는 선생님에게 받는 칭찬은 그 무엇보다도 큰 가치가 있습니다. 아이가 선생님을 좋아하게 만들어 주는 것이 아이를 더 크게 키우는 방법입니다.

교사와 학부모, 신뢰가 중요하다

신뢰가 바탕이 되지 않고서는 좋은 관계를 쌓을 수 없는 것이 사람 관계입니다. 그중에서도 교사와 학부모는 어렵지만 제일 가까워야 한다고 생각합니다. 어떤 관계든 오고가는 말이 적으면 오해가 쌓이기 쉽기 때문에 의문이 있거나 미심쩍은 부분이 있을 때는 먼저 교사에게 문의하는 것이 좋습니다. 다른 곳을 돌다 내 귀에 들린 사건의 개요보다 교사와의 면담이 더 확실하며 서로에게 오해를 일으키지 않기 때문입니다.

간혹 아이가 울면서 하는 이야기만 듣고는 화가 나서 학교에 전화를 거는 부모님들이 있습니다. 그러나 교사와의 통화로 자초지종을 듣고 난 후 대부분의 부모님들은 낯을 붉히며 전화를 끊는 경우가 많습니다.

그러나 때때로 교사가 잘못을 한 경우도 분명 있습니다. 부모의 입장에서 보면 섭섭하고, 화가 나겠지만 아이를 위해 아이의 감정을 먼저 읽어주어야 합니다. 심각한 일이 아니라면 세세하게 아이에게 추궁하지 말고, 그저 아이의 말을 듣고 "정말 속상했겠다." "우리 ○○ 화가 많이 났겠구나." 정도로 맞장구치는 것으로 아이의 마음은 진정됩니다. 그 후에 자초지종을 들어 보거나 좀 더 자세한 상황에 대해 교사에게 문의하는 것이 좋습니다. 그냥 참고 넘어갈 경우 오히려 교사에 대한 불신만 깊어지기 때문입니다.

선생님과의 상담, 무엇을 물어야 할까?

선생님과의 상담에서 아이의 단점을 줄줄이 늘어놓는 분들이 종종 있습니다. 겸손한 마음을 표현하려고 한 이야기겠지만 아이를 교육시키는 교사가 제 3자라는 것을 잊으면 안 됩니다.

아이를 다른 사람에게 소개할 때는 꼭 '긍정적인 말'로 시작해야 합니다. 고쳤으면 하는 것이 있다면 간단하게 "~한 점이 좀 더 나아졌으면 합니다."로 끝내면 되는 것입니다.

아이의 부정적인 면을 잔뜩 들은 교사는 어쩔 수 없이 그런 면을 먼저 보게 됩니다. 얘기하지 않았으면 객관적으로 파악할 수 있는 상황에서 나쁜 점을 보도록 교사에게 종용하는 상황이 되는 것입니다.

가끔 주변 어머니들이 상담하러 갈 때 무슨 말을 하고, 무엇을 물어봐야 하냐며 물어옵니다. 상담할 때는 아이에게 들은 선생님이나 학교에 대한 이야기로 대화를 시작하는 것이 좋습니다. 어색한 학부모와 교사 사이에 아이의 말로 물꼬를 트게 되고, 아이가 학교에 대해 이런 생각을 가지고 있다는 메시지를 전달할 수 있습니다. 다음으로 아이의 학습과 생활적인 부분에 대해 물어보면 됩니다.

우리 아이를 1년 동안 키워주는 분입니다. 마음에 들지 않는 것이 많더라도 일단 그 수고에 대한 예의는 갖춰야 합니다. 아이를 위해 긍정적인 태도와 말이 오고갈 수 있도록 많이 소통하고 이해하는 사이가 되려고 노력해야 합니다.

학습적인 부분

❶ 전반적인 학습 태도와 수업에 참여하는 적극성은 어떤가?

❷ 정해진 시간 안에 활동을 끝낼 수 있는가? 활동 중 특별히 어려워하거나
힘들어 하는 활동은 무엇인가?

❸ 또래에 비해 기능적으로 보충해야 하는 활동이 있다면 무엇인가?

❹ 특별히 재능을 보이거나 좋아하는 활동(과목)은 무엇인가?

❺ 목표하는 결과물을 얻을 수 있는 집중력(충분한 집중 시간)을 가지고 있는가?
학습 후 정리 태도는 어떤가?

❻ 발표 태도와 발표력은 어떠하며, 발표 시간이 없었다면 선생님이나 친구와
의사소통 시 확실한 자기 의사를 표현하고 있는가?

❼ 아이가 좋아하는 학습 성향(활동적인 것, 정적인 것)은 무엇인가?

❽ 각 과목의 성취도는 어느 정도인가?

생활적인 부분

❶ 교우 관계는 어떤가?

❷ 친구들 사이에서 아이는 어떤 역할을 하고 있는가?
(주도적인가, 다른 아이에게 휩쓸리는가?)

❸ 특별히 친한 친구는 누구이며, 선생님이 느끼는 아이는 어떤 모습인가?

❹ 학교생활 중 친구나 기타 부분에서 특별히 기억에 남는 사건이 있는가?

❺ 선생님을 대하는 아이의 태도는 어떤가?(어려워하나, 먼저 다가서나?)

❻ 갈등 상황에서 아이가 취하는 태도는 어떤가?
(회피적인가, 적극적으로 해결하려 하는가?)

❼ 학교생활에서 전반적인 아이의 심리 상태는 어떤 편인가?

❽ 부모와 형제에 대해 아이는 어떤 생각을 하는지 이야기 한 적이 있는가?

② 학교생활, 친구가 좌우한다

어느 날 생일파티를 한다며 한 아이가 선심 쓰듯 마음에 드는 친구들에게만 초대장을 내밀었습니다. 그 초대장을 받은 아이가 자랑하듯 저에게 초대장을 보여 주었는데 정말 놀랐습니다. '학교 앞 pc방에서 3시에 만나자.'라고 쓰여 있더군요. 그래서 생일인 아이를 불러 어떤 생일 파티를 계획했느냐고 묻자 부모님께서 아이에게 돈을 주며 친구들을 데리고 1시간 동안 게임을 하라고 하셨다고 했습니다. 너무 많이 슬펐습니다.

아이가 또래 집단에서 배우는 것은 어른들이 생각하는 것보다 훨씬 많습니다. 어떤 시기에는 거의 대부분을 거기에서 배운다고 해도 틀리지 않습니다. 물론 무엇을 취할지에 대한 교육은 부모에 의해 태어나면서부터 이루어져 유아·유치기에는 이미 잘못된 것과 잘된 것을 판단하는 기준이 마련되게 됩니다.

하지만 아직 어린 아이들이다 보니 잘못된 것이라 생각되어도 또래 집단에 어울리기 위해 잘못된 행동을 하는 경우도 많습니다. 언제나 아이가 느낄 수 없도록 예민하게 살피고 경계해야 합니다.

친구와 몸으로 놀게 하자

몸으로 놀아 본 아이들이 갈등 상황에 잘 대처합니다. 놀아본 적이 없는 아이들은 또래 집단과 어울리는 것을 힘들어 합니다. 무엇이든 이기지 않으면 분을 풀지 못하고, 아무리 작은 것이라도 양보하기 힘들어 하는 모습이 그렇습니다. 또 갈등 상황에서 어떻게 대처해야 하는지도 알지 못합니다. 더 심한 경우 초등학교를 다니는 아이의 작은 갈등까지도 부모님이 나서서 해결해야 하는 경우도 생기게 됩니다.

학교에 들어가기 전 아이들은 같이 노는 법을 배워야 합니다. 같이 어울리는 법, 갈등을 해소하는 법, 다른 사람의 입장이 되어 보는 법 등이 몸에 배야 합니다. 그러기 위해서는 또래 아이들과 신나게 놀아야 합니다.

아이들이 놀 수 있도록 기회를 많이 만들어 주고, 부모님의 관리 하에 노는 법을 배울 수 있도록 하여야 합니다. 몸으로 부대껴 다른 사람도 나와 같이 생각하고 느끼는 사람이라는 것을 알 수 있도록 친구와 몸으로 노는 시간을 만들어 주어야 합니다.

　놀이는 너무나 많은 것을 배울 수 있는 공부입니다. 사람과 소통하며 몸으로 노는 것이 얼마나 신나는지 아는 아이들은 컴퓨터 게임에 빠지는 대신 사람을 찾게 됩니다.

　잘 놀기 위해서는 친구와의 갈등 상황에서 자기의 잘못을 바로 사과하도록 가르치고, 그것이 당연한 일이 되게 해야 합니다. 놀이터에서 아이들끼리 노는 모습을 지켜보면 간혹 다른 아이를 때렸는데도 엄마가 모른 체 하고 그냥 넘어가는 것을 볼 때가 있습니다.

　엄마의 침묵 속에 아이들은 그런 행동이 잘못된 행동이라는 것도 모른 채 지나가게 됩니다. 다른 사람을 실수로 다치게 했더라도 사과하는 것이 맞습니다. 진심을 담아 "미안해. 그러려고 한 게 아니야."라고 할 수 있도록 가르쳐야 합니다. 이런 행동이 몸에 배인 아이는 학교에서 그런 상황을 겪더라도 혼자 현명하게 해결할 수 있게 됩니다.

　또 아이들 사이에서 일어나는 갈등 상황에 부모의 개입을 최소화하여야 합니다. 아이들에게는 자기들 나름대로의 해결 방법이 있습니다. 최소한의 원칙, '다른 사람을 다치게 하지 않는다.'와 '나쁜 말을 쓰지 않는다.'의 경우에만 부모의 개입이 필요합니다. 아이들 스스로 풀어나갈 수 있도록 해야 합니다.

내 마음을 알아야 친구 마음도 읽는다

내 감정을 모르는 사람은 다른 사람의 감정도 알지 못합니다. 그래서 다른 사람의 입장이 되지 못하는 것입니다. 이런 아이들은 어렸을 때부터 내 감정과 대면하는 법을 배우지 못했기 때문에 다른 아이와 관계를 맺을 때 힘들어 하게 됩니다.

아이가 느끼는 마음을 부모가 먼저 읽어주어야 합니다. 예를 들어 아이가 컵을 깨뜨렸을 때, 아이의 표정은 야단맞을 것이 걱정되는 마음을 여실히 보여줍니다. 바로 이런 순간이 아이의 마음을 말로 표현하는 방법을 가르칠 수 있는 적기인 것입니다.

그 행동에 화가 나서 중요한 기회를 놓쳐버린다면 아이는 자신의 감정을 읽는 법을 배우지 못하게 되고, 가끔은 그 상황을 모면하기 위해 웃음으로 넘어가려는 경우가 생기게 됩니다. 하지만 그 웃음은 불안함에서 나오는 웃음이며, 그 불안함도 부모가 같이 읽어주어야 합니다.

부모가 느끼는 것을 말로 표현하는 것도 아이에게 감정을 읽고 표현할 수 있게 하는 방법입니다. 화가 나면 화를 참는 것이 아이의 잘못된 행동에 대한 좋은 대처 방법은 아닙니다. 화를 내지 않는 것은 아이에게 좋은 영향을 끼치지만 화를 참는 것은 아이를 더 불안하게 합니다.

그럴 때는 주어를 아이가 아닌 '나(엄마)'로 시작하여 감정을 표현해야 합니다. "엄마는 네가 컵을 깨뜨려서 화가 났어. 엄마가 두 손으로 잡으라고 얘길 했는데도 네가 들어주지 않았기 때문에 화가 난 거야. 또 네가 다쳤을까봐 놀라서 화난 마음이 더 커졌어."라고 내 마음을 설명하는 것이 필요합니다. 이런 과정을 통해 아이는 엄마가 화난 이유를 이해하고, 또 그 마음을 표현하는 것을 배우게 됩니다.

말로 자신의 감정을 표현하는 아이의 경우 공감해 주는 대응이 있어야 하고, 그렇게 표현하지 못하는 아이를 위해서는 부모가 표현해 주어야 합니다.

"실수를 해서 많이 놀랐구나." "컵을 깨뜨려 엄마가 화가 난 것 같아 걱정이 되었구나." 하고 아이의 마음을 읽어주면, 이런 경험들이 거듭되어 아이는 자신의 마음을 바로 볼 수 있게 됩니다. 그리고 다른 사람의 마음까지도 헤아릴 수 있게 되는 것입니다.

아이의 마음을 헤아려야 하는 또 하나의 이유가 바로 이것입니다. 내 마음을 읽을 줄 모르고, 표현하기 힘든 아이들은 다른 사람의 감정에 대해서도 무뎌질 수밖에 없습니다. 다른 사람의 입장을 헤아릴 줄 아는 사람 옆에 사람들이 모이는 것이 당연합니다.

나를 표현하게 하라

내 생각을 말하지 못하는 아이는 자기 표현에 거침없는 아이들 틈에서 작아지게 됩니다. 그래서 제 목소리를 내는 방법을 가르쳐야 합니다.

아이들은 기본적으로 선하다고 생각하지만 잔인해지려면 끝없이 잔인해질 수 있습니다. 소위 왕따를 당하는 아이들 중 대부분은 자기의 생각을 표현하지 않는 아이들입니다. 괴롭힘을 당하거나 부당한 일을 겪어도 표현하지 못하는 상대방에게 아이들은 끝없이 잔인해집니다.

아이에게 제 목소리를 내게 하려면 유아·유치기에 엄마의 목소리로 아이의 마음을 대변해 주어야 합니다. 엄마의 말을 듣고 아이는 그 상황에 처한 자기의 마음을 말로 표현하는 법을 배웁니다. 이런 과정이 없었던 아이들은 감정의 분화가 되지 않아 마음속에 울분이 차게 되고, 감정에 무딘 아이가 됩니다.

어떤 아이들은 마음의 표현을 폭력적인 행동으로 보이기도 하고, 어떤 아이는 자기가 겪는 부당한 일에 둔감해져 버립니다. 아이에게 정당하지 못한 일을 당했을 때는 어떻게 헤쳐나가야 할지 이야기를 나누어야 합니다.

또 자기의 의견을 말할 수 있는 기회를 자주 만들어 아이의 의견이나 생각을 물어보되 그 생각에 대한 잘잘못의 판단은 절대 해서는 안 됩니다. 의견에 잘못된 의견은 없습니다. 다만 다른 의견일 뿐입니다.

이런 과정을 통해 사람마다 생각이 다르고, 의견이 다를 수 있다는 것을 배운 아이는 자신을 긍정하고, 타인을 긍정하는 아이로 자라게 됩니다.

희재야, 학교 가자

울음과 폭력은 해결책이 아니다

　　　　　　남자 아이를 키우는 부모님 중에 '폭력에는 폭력으로 대응해라.' 하고 가르치는 분이 있습니다. 저도 둘째가 남자 아이인데 어느 날 아이 아빠는 "싸우는 법도 가르쳐야 한다."며 비슷한 이야기를 했습니다. 아무래도 누나와 같이 크다보니 또래 남자 아이들과 다른 모습이 아빠 마음에는 흡족하지 않았나 봅니다.

　남자가 아니라서 그런지는 모르겠지만 그런 해결 방법이 더 나쁜 상황을 가져올 수 있다고 생각합니다. 형제 간의 싸움에서 주먹질이 오가거나 나쁜 말이 오가면 세상이 끝날 것처럼 야단을 맞는데, 친구 간의 싸움에는 그럴 수 있으며 '저쪽이 먼저 때리면, 내가 때리는 것도 옳은 일이다.'라는 가르침은 일관성을 잃은 교육입니다.

　폭력성은 짙어지기 쉽습니다. 지금도 아이들은 많은 매체들 속에서 폭력성에 무뎌지고 있습니다. 그런데 어른들이 그래도 된다라고 한다면 그 후 상황이 어떻게 될까요?

　학교에서는 사소한 싸움이 커져 감당할 수 없는 사고가 일어나는 경우가 많습니다. 화가 나서 아무렇게나 던진 돌이 안경을 낀 아이의 눈에 맞거나 살짝 밀기만 했는데 잘못 넘어져 머리를 다치는 경우 등 정말 어이없는 사고들이 많습니다. 어떤 경우라도 폭력은 정당화되지 않습니다. 한번 휘두른 주먹이 사건을 간단하게 해결한 것처럼 느껴진 아이는 다음에도 쉽고 빠른 길인 폭력을 선택하게 됩니다.

또 싸움을 잘해서 또래들의 대장이 되는 경우도 있습니다. 과연 그 아이가 어른이 되어서 어떤 사람으로 자랄 수 있을까요? 지금 당장은 아이가 대장 노릇을 하면 아이도 만족스러워 하고, 부모의 마음도 편할지 모르지만 아이가 자라서 어떤 사람이 될지 꼭 생각해 볼 일입니다.

울음도 해결방법이 되어서는 안 됩니다. 갈등상황에서 자기의 마음이나 입장을 설명하려 하기보다 일단 울음부터 터트리는 아이들이 있습니다. 울음으로는 아무 것도 해결되지 않는다는 것을 아이들은 알아야 합니다. 만약 아이의 울음을 그치기 위해 허락되지 않았던 일을 하게 한다면 이후 아이에게 울음은 어떤 상황을 모면하기 위한 수단이 되어버립니다.

아이의 울음을 엄마는 언어로 풀어주어야 합니다. 아이가 울 때 윽박지르거나 화를 내기 보다는 감정에 공감해 주며, 아이의 울음이 잦아들기를 기다렸다가 말로 표현할 수 있도록 도와주어야 합니다.

예민하게 읽고, 자연스럽게 반응하자

아이에게 학교에 대해 물었을 때 어떤 반응을 보이는지 예민하게 살펴야 합니다. 아이가 학교일에 대해 말을 하지 않으려 한다거나, 짜증스러운 반응을 보이는 것은 분명히 이유가 있습니다.

아이에게 학교는 재미있는 곳이어야 합니다. 재미있는 활동과 같은 관심사의 친구들이 있는 신나는 곳입니다. 그런 학교가 재미없다고 여길 때는 선생님이나 친구와 갈등이 있는 경우가 대부분으로, 사람과의 관계가 원인이 됩니다.

아이에게 이상행동이 나타났을 때는 너무 조바심을 내거나 예민하게 반응하지 말고, 자연스럽게 아이가 이야기 할 수 있도록 분위기를 만들어 줍니다.

만약 그 시간이 너무 오래 걸린다면 교사와 면담을 하여 보는 것도 한 방법입니다. 설사 교사가 그 상황을 파악하지 못했다 하더라도 면담 후 그런 상황들이 눈에 보일 수도 있기 때문입니다.

일단 상황을 알게 되면 부모님께서 해결해야 하는 것이 있고, 내버려 두어야 하는 것이 있습니다. 아이의 마음이 조금 다치더라도 아이들끼리의 다툼은 대부분 시간이 해결해 줍니다. 부모가 할 일은 아이의 마음을 읽어주고 공감해 주며 의기소침해지지 않도록 아이를 격려하고, 사람 관계에서는 꼭 누구의 잘못이 아니더라도 어려운 일이 생길 수 있다는 것을 아이에게 이해시켜야 합니다. 아이가 감당하지 못하는 상황이 되지 않도록 예민하게 살피고, 끊임없이 대화하며 그 대화 속에서 아이가 갈등에 대처하는 방법을 찾을 수 있도록 기다려 주어야 합니다.

친구에게 휘둘리는 아이

초등학교에 다니는 아이들 중에 자기의 생각보다 친구의 생각과 평가가 중요한 아이들이 있습니다. 보통 소심하고 적극적이지 못한 아이들의 경우 친구에게 먼저 다가가지 못하고, 조그마한 갈등에도 세상이 끝난 것처럼 고민하고 힘들어 합니다. 때론 아이들의 집단에서 소외되기도 하고, 한 아이에게 집착하여 그 친구의 모든 것을 따라하기도 합니다.

이런 아이들은 자존감이 낮고, 자율적으로 해 나가는 것이 서툽니다. 스스로 생각하기 보다는 다른 사람의 의견을 듣고, 또 지시적인 말에 움직이는 아이들이 많습니다. 자기의 생각과 말에 스스로 신뢰를 갖지 못하는 것입니다.

자신을 신뢰하기 위해서는 자존감과 자율성을 키워야 합니다. **자존감과 자율성은 말로 가르치는 것이 아닙니다. 아이 안에 의미있는 많은 경험들이 쌓여 그 속에서 만들어지는 것입니다.**

적어도 6살 이전에는 스스로 해낸다는 것이 얼마나 멋진 일인지를 알게 해 주고, 시도했다는 사실만으로 칭찬해 주어야 합니다. 또 아이가 자기만의 생각을 가지고 있는 독립체임을 인정하는 말들을 해 주어야 합니다.

"○○ 생각은 그렇구나. 그것도 멋진 생각이네." "6살이 되니 더 깊은 생각을 갖게 되었구나."라는 칭찬만으로도 아이는 스스로 자랑스러워집니다. 이런 자신에 대한 신뢰가 쌓여 사람과의 관계에서 주도적인 역할을 할 수 있는 힘이 됩니다.

3 부모가 아이를 춤추게 한다

의문문이 아니라 '공감의 말'로 시작해라

상담을 하면 아이가 학교 일에 대해서 얘기를 하지 않아 걱정이라는 부모님이 많습니다. 엄마의 질문에 "몰라." "기억이 안나."로 꾸준히 밀고나가는 아이들을 보면 부모님의 질문에서 공통점을 발견할 수 있습니다. "뭘 했니?" "왜 그렇게 했어?" "재미있었니?" 부모님이 물어보는 질문들은 아이에게 추궁 받는다는 느낌을 갖게 하여 방어기제를 발동시킵니다.

아이가 말하고 싶은 것은 무엇을 했는지에 대한 보고도, 왜 그렇게 했는지에 대한 설명도 아닙니다. 학교에서 쉬는 시간이면 저에게 와서 이야기하는 아이들 대부분의 대화가 그렇습니다. 물어 보는 것에 대한 대답은 짧지만 스스로 꺼낸 이야기는 얼굴이 빨개지도록 설명하고, 깔깔대며 이야기 합니다.

그러나 부모님은 아이의 학교생활이 궁금해서 정보를 얻으려고 묻는 경우가 많습니다. "선생님이 뭐라고 하셨어?" "그 아이는 어떤 아이니?" "너는 왜 그 아이가 좋아?" 처럼 대답하기 힘든 질문들이 대부분입니다.

아이가 하고 싶은 말과 엄마가 알고 싶은 것은 분명 다릅니다. 아이는 우습거나 재밌었던 일에 대해서 이야기 하고 싶어 합니다. 다른 사람을 평가하는 말도, 오늘 있었던 일의 전달도, 자기 행동에 대한 이유도 아이에게는 재미있는 대화거리가 아닙니다.

표정이 좋지 않은 아이에게 "왜, 무슨 일이야? 싸웠니?"는 아이를 몰아세우는 듯한 느낌을 줄 수 있습니다. 이럴 때도 묻는 것보다 그저 부모님이 느낀 것을 표현해 주는 것이 아이의 마음을 열기에 더 효과적입니다. "기분이 안 좋아 보이네. 학교에서 속상한 일이 있었나보다."가 아이에게 좀 더 편안한 마음을 갖게 해줍니다. 마음이 편안해지면 속에 뭉쳤던 말들을 하기 쉬워집니다.

아이와 이야기를 시작할 때는 아이의 마음을 읽어주는 말로 시작해야 합니다. 부모님이 알고 싶은 말보다는 아이가 하고 싶은 말을 먼저 듣고, 천천히 궁금증을 풀어가는 것이 아이와 대화를 풀어가는 기술입니다.

귀를 열고, 적극적으로 반응하라

아이와 원활한 소통을 하기 위해서 부모는 잘 듣는 귀를 가지고 있어야 합니다. 중간에 아이의 이야기를 끊지 말고, 눈을 맞추며 '잘 듣고 있다, 깜짝 놀랐다, 재미있다, 이상하다'는 표정 등으로 맞장구를 치며 잘 듣고 있다는 것을 보여 주어야 합니다.

속상했던 일에 대해서는 "기분이 안 좋았겠다." "엄마라도 화가 많이 났을 것 같아." 처럼 아이의 대화를 받아 주어야 합니다. 아이에게 부모의 그런 행동은 자신이 존중받고 있다는 생각을 갖게 하고, 이런 대화가 쌓이면 별다른 질문 없이도 아이의 생각과 학교생활을 손에 잡힐 듯 알게 됩니다.

아이가 말을 짧게 해도 정성스럽게 들어주는 역할을 반복하다 보면 어느새 말문을 열어 놓습니다. 아이가 말을 하지 않는다고 하기 전에 얼마나 아이의 말을 들으려 노력했는지 다시 한 번 되짚어 보기 바랍니다.

저는 아이의 간식 시간, 자기 전, 아침에 눈을 뜰 때를 많이 이용합니다. 유치원에 다녀온 딸아이는 간식을 먹으며 유치원에서 만든 작품을 소개하고, 또 재밌었던 일들을 신나서 이야기합니다. 제가 하는 일은 아이와 눈을 맞추며 아주 흥미롭다는 표정으로 듣는 것입니다.

간혹 아이의 말이 막힐 때는 섣불리 끼어들거나 대화를 이으려 노력하지 않습니다. 그저 눈을 맞추고 고개를 끄덕이기만 해도 아이는 스스로 말을 이어나갈 수 있게 됩니다. 아이에게는 엄마의 기다림과 받아줌이 절실히 필요합니다.

가끔 딸아이의 친구 엄마들과 만날 때가 있는데 엄마들의 반응은 천차만별입니다. 아이가 말을 할 때 집중해서 듣는 엄마, 건성으로 대답하여 아이를 짜증나게 하는 엄마, 끝까지 듣지 않고 중간에 말을 잘라 결론을 말해 버리는 엄마 등 여러 유형의 부모님들이 계십니다.

아이의 말에 집중하는 부모의 아이는 말소리가 크지 않습니다. 고함을 지를 필요도 떼를 쓰며 말을 시작할 필요도 없기 때문입니다. 옆에서 아이가 엄마를 계속 부르는데도 마치 들리지 않는 것처럼 자기의 대화를 계속하는 부모의 아이는 결국 소리를 지르게 됩니다. 그러나 엄마의 반응은 아이에게 미안해 하기보다 아이를 야단쳐, 대화를 시작하기도 전에 아이의 감정이 상하게 되는 안타까운 상황을 만듭니다.

어른들이 대화를 하고 있는 중이라면 아이에게 기다리라는 손짓이나 작은 말로 주의를 주고, 얼른 대화를 마친 후 아이의 이야기를 들어주어야 합니다. "아줌마랑 애기하는데 끼어들지 않고 기다려줘서 고마워."라는 칭찬의 말은 아이에게 그 행동에 대한 좋은 기억으로 남게 됩니다.

부모란 아이에게 울이어야 합니다. 나를 존재하게 하고 지탱하게 하는 쉴 수 있는 장소여야 합니다. 내가 어떤 잘못을 해도 내 편이 되어줄 사람이라는 믿음이 꼭 필요한 관계입니다. 그러기 위해 아이에게 끝없이 믿음을 심어주어야 합니다.

고래를 춤추게 하는 칭찬 VS 고래도 가라앉히는 칭찬

앞에서도 말한 것처럼 유아·유치기를 거쳐 초등학교까지는 자존감을 형성하는데 가장 많은 노력을 해야 합니다. 칭찬에도 독이 되는 칭찬이 있고, 아이의 자존감을 높이는 칭찬이 있습니다.

바른 칭찬으로 큰 아이는 자존감이 높아지고, 자기에 대해 긍정적인 생각을 갖게 됩니다. 하지만 잘못된 칭찬으로 큰 아이는 오히려 위축되어 자신감을 잃고 새로운 것에 대한 시도나 도전을 꺼리게 됩니다.

칭찬은 구체적이어야 합니다. 과장이나 거짓을 섞거나 하지 않은 일에 대해 미리 칭찬하는 것은 좋은 방법이 아닙니다. 예를 들어 형제끼리의 싸움에서 큰아이에게 양보하라고 권하면서 "우리 ○○는 착한 형이지. 아, 멋지다."라고 얘기하는 것은 아이의 마음속에 억울함만 차게 합니다. 마음속에 양보하고 싶은 마음이 전혀 없는데 왜 착한 아이인지, 뭐가 멋진 것인지 아이는 자기가 느끼는 감정을 표현해 보지도 못하고 막혀버려 분노하게 됩니다.

과정에 대한 칭찬, 노력에 대한 칭찬은 꼭 해야 합니다. 결과에 대한 칭찬은 아이에게 끝만 좋으면 된다는 잘못된 생각을 갖게 합니다. 칭찬을 받기 위해 잘하는 것에만 집중하며 다른 사람의 눈치를 보기도 합니다. 또 어려운 과제나 새로운 것에 대해서는 쉽게 포기해 버리는 경우도 생깁니다.

잦은 보상은 좋지 않습니다. "이걸 끝내면 ~을 해 줄게."라는 보상이 아이들에게 종종 주어집니다. 하지만 그 보상의 효과는 아주 일시적입니다. 지적 수준이 비숫한 초등학교 아이들을 두 집단으로 나누어 과제를 수행하는 실험이 있었습니다. 한 집단에는 그 활동이 끝나고 나면 작은 선물을 주마라고 약속했고, 또 한 집단에는 그런 약속 없이 활동을 하게 했습니다.

활동이 끝난 후 한 집단에만 약속한 보상을 제공하고, 쉬는 시간을 가졌습니다. 두 번째 과제를 시작하면서 보상을 했던 집단에 이번에는 보상이 없다고 얘기하고 활동을 시작했습니다. 두 집단의 활동 제한 시간이 끝났을 때 선물을 받았던 집단의 아이들은 모두 과제에서 손을 놓고 자리를 정리했습니다. 그러나 다른 집단의 아이들은 제한 시간이 끝났지만, 과제를 계속 손보고 다듬었습니다. 과제의 수준도 보상없이 과제에만 충실했던 아이들이 훨씬 높았습니다.

모든 과제에는 목적이 있습니다. **아이들에게는 과제 자체가 목적이어야 합니다.** 과제를 하는 과정에서 즐거움을 느끼고, 완성된 기쁨을 누려야 내적 동기가 생깁니다. 그리고 열심히 수행한 것에 대한 희열도 느낄 수 있습니다. 보상을 받기 위한 과제는 과제 자체가 기쁘지 않습니다. 그저 해야 할 일로 전락할 수밖에 없습니다. 앞으로 어려운 길을 가야 할 우리 아이들에게 필요한 것은 위로와 격려 그리고 인정입니다. 적절한 보상은 아이에게 과제에 대한 동기 유발은 될 수 있습니다. 하지만 과제 자체를 즐길 수 있는 보상이어야 합니다. 아이들에게 보상이란 꼭 물질적인 것이 아니라 다음 활동의 선택권이나 엄마와 놀 수 있는 시간, 잠자리에서 책 한 권 더 읽기로도 충분하고 멋진 보상이 됩니다.

훈육에도 지켜야 할 것이 있다

칭찬과 더불어 많은 연습과 기술이 필요한 것이 훈육입니다. 특히 아이들이 초등학교에 들어간 뒤 또래 집단의 사고방식이 중요해지는 이 시기에는 더욱 그렇습니다. 아이의 마음을 읽어내는 과정 없이는 아이의 반항심만 불러일으킬 뿐 교육이 되지 않습니다.

아이는 초등학교에 들어가는 순간부터 자기가 어리지 않다고 생각합니다. 그리고 생각이 많아지며, 행동의 가치를 결정하는 기준도 부모에게서 벗어나 친구, 선생님 등으로 다양해지기 시작합니다. 그래서 더욱 기술적인 훈육이 필요합니다.

훈육을 할 때는 어떤 경우라도 아이를 비난하거나 비하해서는 안 됩니다. 아이는 엄마가 화가 나서 하는 말이라고 받아들이기 보다는 자신에 대한 부정적인 말로 받아들이기 때문입니다. 즉, '나는 나쁜 아이다.'가 되는 것입니다. 아이의 잘못은 아이가 주어가 되지 않게 말해야 합니다.

아이의 잘못을 지적할 때에는 '왜'라는 단어를 앞에 달지 말아야 합니다. '왜 이랬니?'는 아이를 비난할 뿐, 아이에게 바른 방향을 제시해 주는 말이 아닙니다. 거친 말도 마찬가지입니다. 아이에게 거친 말을 써서 그 상황을 넘기게 되면, 다음에는 더 거칠고 험한 말을 쓰는 것이 쉬워집니다. 꽃으로도 때리지 말라는 우리 아이들을 몽둥이보다 더 심한 세 치 혀로 자존감을 무너뜨리게 되는 것입니다.

아이에게 부모란 절대적인 존재입니다. 부모가 어떤 사람인가에 관계없이 부모의 입으로 표현되는 자기의 모습을 아이는 제 마음에 각인시켜 버립니다. '멍청한 놈'이라는 말을 들으면서 자란 아이는 스스로가 멍청하다고 생각하게 되고, "내가 이럴 줄 알았어. 제대로 하는 게 뭐가 있니?"라는 말을 듣고 자란 아이는 매사에 자신없는 아이가 될 수밖에 없습니다. 감정이 격해져서 나오는 모든 말들이 아이의 마음속에 쌓인다는 것을 꼭 기억해야 합니다.

훈계는 될 수 있으면 일대일로 마주 앉아 이루어져야 합니다. 감정적으로 안정되었을 때 하는 것이 가장 효과적이며, 먼저 아이의 감정을 꼭 읽어주어야 하는 것이 교육의 방법이기도 합니다.

거짓말을 유도하는 질문으로 훈계해서는 안 됩니다. 아이가 컵을 깼을 때 많은 부모님이 "누가 이랬어?"라고 합니다. 눈앞에서 아이가 깨는 것을 보았는데도 '누가'라는 질문을 합니다. 그럼 아이는 그 상황에 대한 변명을 준비하게 되고, 그 속에 자신의 잘못을 합리화하기 위한 거짓말을 하게 됩니다.

실수로 깬 컵에 거짓말에 대한 죄까지 더해져 아이는 오랜 시간 훈계를 듣습니다. 거짓말을 하지 않아도 될 상황을 엄마가 '누가? 왜?'라는 질문으로 아이에게 거짓말이라는 잘못을 하나 더 만들게 하는 것입니다.

이런 경우에는 그저 "컵을 깼구나, 다치진 않았어? 다음부터 두 손으로 들도록 하자."로도 충분한 훈계가 됩니다.

짧고, 단호하며, 일관성 있게 훈계하자

훈계에서 잊지 말아야 할 것이 짧고, 단호하며, 일관성 있게 해야 한다는 것입니다. 훈계가 길어지게 되면 그것은 훈계가 아니라 잔소리가 되어 버립니다. 훈계를 하는 사람은 감정이 점점 격해지게 되고, 듣는 사람은 앞에서 했던 이야기를 반복하여 듣다보니 자기의 잘못은 잊고, 지겨운 잔소리가 또 시작되었다는 생각에 귀를 막아 버리게 됩니다.

결국 엄마가 말하려는 의도를 알지 못하게 되고, 잘못된 행동을 계속 반복하게 되는 역효과를 내게 됩니다. 해서는 안 되는 행동은 한 마디로 "~는 아니야." 또는 "~하는 것이 더 좋아."로 시작해야 합니다. "안돼, 왜 그랬니? 네가 ~"로 시작되는 말은 아이를 비난하는 말이 될 수 있기 때문에 자제해야 합니다.

말투는 단호해야 합니다. 고함을 지르는 것보다 오히려 목소리를 낮추고, 눈을 보며 단호하게 말해야 합니다. 그리고 주어를 '네가~'로 시작하는 것보다 "~하는 것이 아니야."로 끝나게 하는 것이 좋습니다. 잘못을 지적할 때 아이를 주어로 말하게 되면 아이의 귀에는 비난하는 것으로 들립니다. 자존심을 건드리거나 자기 자신을 비하하게 할 수도 있습니다.

어떤 부모님께서 아이가 자신의 말을 전혀 듣지 않는다며 상담을 하였습니다. 그 엄마가 아이에게 훈육하는 모습을 보니 계속 짜증을 내고, 칭얼대듯 이야기하고 있었습니다. "엄마가 아까 얘기했는데 또 했어? 네가 이렇게 하면 엄마가 또 치워야 하잖아. 엄마가 얼마나 힘든데……."

이미 아이는 저만치 가 있는데 눈도 마주보지 않고, 짜증난 말투로 계속 중얼거립니다. 적어도 저에게는 중얼거리는 모습으로 보였습니다. 아이에게 그것은 훈계가 아니라 엄마의 짜증으로만 다가갑니다. 그래서 아이는 반성해야 할 이유를 찾지 못하는 것입니다.

훈육을 하면서 가장 어렵고 중요한 것 중 하나가 '일관성 있게'입니다. 가끔 그냥 넘어가고 싶은 마음이 굴뚝같지만 한 번의 허용이 아이에게는 '떼를 쓰면 뭐든 할 수도 있다.'라는 생각을 갖게 합니다. 이것은 훈육을 하지 않은 것보다 더 나쁜 것입니다. 일단 부모의 말이 신뢰성을 잃게 되고, 고집이나 반항을 하면 내가 이길 수 있다는 생각을 아이에게 심어주게 됩니다. 부모님의 감정에 따라 이리저리 움직이지 말고, 일관성 있게 행동해야 합니다.

또한 실수와 잘못은 분명 구분되어야 합니다. 실수는 아이가 고의적으로 하는 것이 아닙니다. 해도 안 되는 것이지요. 즉, 화를 내면 주눅이 들어 오히려 더 악화되는 상황인 것입니다. 실수가 거듭되고 잦으면 그 실수를 하지 않는 방법을 같이 이야기하고 찾아야 합니다.

실수에 대한 지적을 많이 받은 아이는 매사에 움츠려들고, 소극적으로 변해 버립니다. 자존감이 낮아지는 것은 물론이고, 실수를 하는 것이 두려워 시도조차 하지 않는 아이가 되어 버립니다. 분명 실수는 반복된 연습으로 줄일 수 있습니다.

무엇을
배우고,
어떻게

3장

준비해야 할까?

① 1학년 국어 무엇을 배울까요?

듣기 영역

이야기를 듣고 내용을 파악하는 법과 글의 목적을 찾는 법을 배우고, 비슷한 단어를 듣고 그 차이를 구별해 내는 것도 배웁니다. 가장 쉬운 영역인 것 같지만 개인차가 가장 많이 나는 영역이기도 합니다.

귀로 듣고 그 내용을 파악한 후 그에 따른 질문에 답을 할 수 있는 능력은 많이 듣고, 연습을 통해 키워질 수 있습니다. 그리고 무엇보다 집중력은 국어 전 영역에서 가장 필요로 하는 능력입니다.

비단 국어 학습에서 뿐만 아니라 학교생활에서도 듣기는 아주 중요합니다. 유치원과는 달리 초등학교에서는 선생님의 말을 아이들이 듣고 부모님께 직접 전달해야 하는 경우가 대부분입니다.

1학년의 경우 서툰 아이들이 많기 때문에 처음에는 아주 세세하게 알림장을 쓰고, 안내문이 나가지만 대부분의 아이들이 적응이 되었다고 생각되는 2~3달 뒤에는 간단하게 알림장을 쓰고, 교사의 설명을 아이가 직접 전달하게 됩니다.

초등학교는 집단체제입니다. 즉, 교사가 다수의 아이들에게 한꺼번에 무엇인가를 설명하고 지시하게 됩니다. 물론 집중을 시킨 후에 전달을 하지만, 그 내용을 제대로 전달받은 아이와 그렇지 못한 아이는 분명히 있습니다. 그리고 그 차이는 모든 교과의 수업에 큰 영향을 미치게 됩니다.

말하기 영역

재미있는 내용을 선정하여 말하기, 순서를 지키며 말하기, 자신감 있게 말하기, 경험·생각·느낌 말하기, 상황에 맞는 말하기, 바른 태도로 말하기 등 말하는 방법을 배웁니다.

초등학교 1학년의 경우 많은 교사들이 강조하고 집중하는 것은 태도입니다. 모든 교과의 기본이 되기 때문이기도 하지만 한 번 자리 잡으면 잘 고쳐지지 않는 것이기 때문입니다. **정확한 문장으로 말을 할 수 있는 능력, 자신감 있는 태도와 또렷한 목소리로 대화를 주고받는 능력, 여러 사람 앞에서 즐겨 말하는 습관 등을 기르게 됩니다.**

자신의 생각과 그 생각을 표현할 수 있는 능력을 중요시하는 현 사회에서 가장 중요한 영역이라고 생각합니다. 그러나 말하기는 단시간에 키워지는 것이 아니라 오랜 시간의 경험이 가장 크게 영향을 끼치는 영역이기도 합니다.

초등학교의 평가는 수시로 이루어지며 아이가 학교에 있는 모든 시간이 평가의 시간이라고 생각하면 됩니다. 이때 교사에게 가장 큰 평가의 잣대가 되는 것이 발표입니다. 발표 내용의 적절성이나 발표시의 태도와 적극성 등을 보고 평가하며, 이것은 수업 시간의 참여도에도 반영됩니다.

읽기 영역

글자의 짜임을 알고 읽기, 문장부호를 생각하며 읽기, 정확하게 소리내어 읽기, 대강의 내용을 파악하며 읽기, 책 읽는 습관 기르기 등을 배우게 됩니다.

정확히 읽기는 자음과 모음을 구별하고, 짜임을 이해하며 기본적인 글자를 정확하게 읽을 수 있는 능력으로 낱말과 문장을 정확한 발음으로 읽을 수 있는 것을 말합니다. 또 같은 글자라도 읽는 소리와 뜻이 다를 수 있다는 것을 알고 정확하게 소리내어 읽을 수 있는 능력을 기릅니다.

무엇을 배우고, 어떻게 준비해야 할까?

문장부호를 생각하며 읽기에서는 글을 소리내어 읽으면서 의미를 생각하고, 알맞게 띄어 읽는 방법을 익힐 수 있게 합니다. 또한 마침표, 쉼표, 따옴표, 묶음표 등 문장부호의 쓰임새에 맞게 읽을 수 있도록 배웁니다.

띄어 읽기가 제대로 되지 않는 아이들은 소리내어 읽은 후 그 내용을 전혀 이해하지 못하는 경우가 많습니다. 의미의 단위로 끊어 읽기를 한다는 것은 구어체에서 익혀져 있던 능력을 꺼내는 것입니다. 즉, 읽기에 어느 정도 능숙한 후에 생기는 능력이라 할 수 있습니다.

대강의 내용을 파악하며 읽기에서는 앞의 내용들이 기본이 되어 의미에 집중하며 글을 읽을 수 있도록 하는데 중점을 둡니다. 1학년 수준에서는 높은 수준의 의미를 이해하는 것이 아니라 표현된 그대로의 의미를 알고 숨은 뜻을 자유롭게 생각해내는 수준입니다. 글의 의미를 대강 안다는 것은 설명글의 경우 무엇을 설명하는 것인지, 이야기 글에서는 주인공이 누구인지, 핵심 사건이나 어휘가 무엇인지를 찾는 것입니다. 초등학교 국어 전학년에서 다루어지는 요약하기의 경우 1학년에서는 주요 내용을 1~2문장으로 정리하는 수준으로 이루어집니다.

쓰기 영역

바른 자세로 바르게 연필을 잡고 쓰는 습관은 거의 평생을 가기 때문에 초등학교 교사들이 가장 강조하는 것 중 하나입니다. 또한 학습 태도를 파악하는 기준이 되기도 하여 남자 아이들보다 여자 아이들이 훨씬 유리합니다. 그러나 글씨를 예쁘게 쓰는 것뿐 아니라 바른 자세로 정성스럽게 글씨를 쓰는 태도를 더 중요하게 생각합니다.

초등학교 1학년의 글쓰기 과정에서 1학기까지는 짧은 문장 쓰기, 의성어·의태어를 사용하여 나타내기 등을 배웁니다. 2학기에는 그보다 좀 더 긴 5~6 문장 정도 글을 쓸 수 있어야 하며, 상상하여 글쓰기, 본 것에 대한 느낌 쓰기, 알게 된 사실 소개하기 등을 배우게 됩니다.

그리고 마지막으로 받아쓰기는 보통 읽기 책의 내용에서 발췌하여 받아쓰기를 하게 되는데 평가는 학교에서 하고, 연습은 집에서 해야 하는 공부이므로 부모님의 부담이 커지는 부분입니다.

② 차곡차곡 쌓이는 국어

한글은 꼭 깨치고 입학하자

　　　　　　간혹 한글을 깨치지 않아도 초등학교에서 글자를 가르쳐
주지 않느냐는 질문을 하는 분이 있습니다. 하지만 대부분의 아이들이 한글을 깨
치고 입학합니다. 물론 학교마다 차이는 있겠지만, 적어도 제가 알기로는 그렇습
니다.

　1학년 교육과정이 글을 깨치고 있다는 것을 전제로 이루어져 있기 때문에 글자
를 모르는 아이들은 빠르게 진행되는 1학년 과정을 따라가기 힘듭니다. 늦어도 초
등학교 입학 전에는 글을 깨쳐야 학교의 교육 과정을 어렵지 않게 따라갈 수 있습
니다.

　아이마다 글을 깨치는 방법은 다양합니다. 아이가 글자에 관심을 갖기 시작하
면 놀이처럼 즐거운 활동으로 시작하는 것이 좋습니다. 부모의 조급한 마음 때문
에 시기에 맞지 않는 너무 빠른 교육은 도리어 아이에게 독이 될 수 있습니다.

딸아이가 한글을 깨친 방법은 카드놀이를 통한 것이었습니다. 거의 반 년 넘게 각종 책이나 우연히 얻어지는 한글 카드들로 카드 따먹기 놀이를 했습니다. 이 방법은 딸아이가 영어를 읽는 방법으로도 쓰였습니다.

일주일에 15~20개 정도의 카드를 꽂아 두고 읽을 수 있는 카드를 아이가 가져가 자신의 보물상자에 보관하였습니다. 카드놀이로 어느 정도 글자를 깨치고 난 후 자기가 원하는 카드를 쓰고 그리게 했습니다. 자기만의 카드를 완성하며 한 자 한 자 낱글자를 익힐 수 있는 방법입니다. 즉, '가방'을 읽을 수 있으면, '가구'를 읽게 해서 같은 '가'를 찾게 하는 것입니다. 이렇게 낱글자를 인식하게 되면 글자의 원리를 배울 준비가 된 것입니다.

카드 뒤집기

❶ 아이가 인지하고 있는 그림 카드와 글자 카드를 10장 정도 준비한다.

❷ 그림 카드와 글자 카드를 섞는다.

❸ 같은 글자와 그림의 짝을 맞춘다.

새로운 단어카드 따먹기

❶ 10개 정도 되는 새로운 단어들을 항상 보이는 곳에 붙여 두고 자연스럽게 아이가 익힐 수 있게 한다.

❷ 읽을 수 있는 단어는 엄마에게 도전하여 자기의 보물상자에 담을 수 있다.

❸ 반대로 엄마가 도전하여 보물상자 안에 있는 카드를 아이에게 물어 보고 읽지 못하면 다시 엄마 카드가 되어 원래 자리에 붙게 된다.

> **MOM point** >> 카드 준비는 한 글자, 두 글자, 비슷한 글자, 비슷한 종류(동물, 식물, 물건), 아이가 좋아하는 것(만화 주인공, 장난감, 책 이름) 등으로 진행하고, 후반에는 카드를 직접 만들어서 사용하는 것도 좋은 방법입니다.

끝말이 같은 카드 찾기

❶ 끝말이 같은 여러 장의 단어 카드를 준비한다.

❷ 엄마와 아이가 서로 번갈아 가며 끝말이 같은 카드를 찾아 연결한다.

> **MOM point** >> 이 놀이는 아이에게 낱글자를 인식시키기 위한 것입니다. 처음에는 아이가 거부감을 가질 수 있으므로 어렵지 않은 단어를 이용하여 재미있는 놀이로 인식하게 하는 것이 중요합니다.

글자의 원리를 가르쳐라

요즘은 한글을 가르칠 때 통문자로 접근하는 경우가 많습니다. 저도 통문자로 접근하는 것이 아이들에게 재미와 동기 부여를 위해 좋은 방법이라고 생각합니다. 한글을 가르치는 방법에 옳고 그름은 없지만 어떤 방법으로 가르치든 낱글자와 한글의 원리에 대해서는 적당한 시기에 꼭 알려주어야 합니다.

글자가 만들어지는 원리를 알지 못하면 1학년부터 시작되는 국어 지식에 대한 내용을 이해하기 어렵고 받아쓰기도 힘들어 합니다. 하지만 그것을 인지할 수 있는 능력이 되었을 때 가르치기를 권합니다.

저 또한 시행착오는 있었습니다. 딸아이가 통문자 놀이부터 시작하여 4세 후반에는 웬만한 글자를 다 읽을 수 있었기에 5살 초반에 글자 원리를 가르치려 했습니다. 그러나 아이는 받아들이지 못하고 많이 힘들어 했습니다. 저는 과감히 그 시기를 늦추어 1년 가까운 시간이 지난 5세 후반에 다시 글자 원리를 가르쳤고, 이번에는 아이도 너무나 쉽게 배우고 익혔습니다.

아이가 힘들어 하거나 시들해질 때면 카드를 만들어 조합하고, 해체하는 놀이로 다시 돌아갔습니다. 그중 딸아이가 가장 좋아하는 활동은 아이가 선생님이 되고, 엄마가 학생이 되어서 자음과 모음으로 조합한 글자를 배우는 놀이였습니다.

'ㄱ'과 'ㅏ'를 더해 '가'라고 설명하며, "따라 하세요." 하는 딸아이의 열정적인 수업 모습은 지금 보아도 감동적입니다. 그렇게 글자의 원리는 천천히 확실하게 점검하는 것이 나중을 위해서도 꼭 필요합니다.

가
나 라

글자 노래 부르기

❶ '가나다라~' '거너더러~' '가갸거겨~' 등 글자를 보며 노래를 부른다.

❷ 엄마가 틀리는 모습에 아이들은 더욱
즐거워하며 재미있게 익힐 수 있다.

> **MOM point >>** 한 줄씩 번갈아 가며
> 부르거나 좋아하는 곡을 붙여 부르는 것도
> 아이들이 재미있어 합니다.

받침글자 넣어 노래 부르기

❶ 〈가나다라〉 노래에 받침을 바꾸어 가며 노래를 부른다.

　　㉠ 'ㄱ' 넣기 ▶ 각낙닥락……

　　　'ㄴ' 넣기 ▶ 간난단란……

❷ 〈곰 세 마리〉 노래에 받침 'ㅇ'을 넣어 부른다.

　　㉠ 공 셍 망링강 항 징엥 잉엉

　　　앙빵공 엉망공 앙깅공

> **MOM point >>** 머릿속으로 생각하며
> 부르는 것이 어려울 수 있으므로 엄마가 글
> 로 적은 것을 보고 부르는 것도 좋습니다.

문제내고 풀기

① 모음(아야어여오오우유)은 어떤 소리를 낼까?

　예 ㅇ+ㅏ=(아)　　　ㅇ+ㅑ=(야)　　　ㅇ+ㅓ=(어)

② 자음+모음은 어떤 소리를 낼까?

　예 ㄱ+ㅏ=(가)　　　ㄴ+ㅏ=(나)　　　ㄷ+ㅏ=(다)

MOM point >> 아이와 엄마가 서로 번갈아 가며 교사와 학생이 됩니다. 엄마는 아이가 헷갈려 하는 부분을 일부러 틀리게 말한 후 아이가 고치는 과정에서 확실하게 인지할 수 있도록 돕습니다.

듣기는 경험이고, 기술이다

　　　　6살 정도가 되면 한 번에 몇 가지의 질문을 기억하고 행할 수 있는지 아이의 능력을 테스트해 보아야 합니다. 만약 아이가 2, 3개의 지시 사항을 기억하고 행하는 것을 어려워 한다면 듣기 능력이 또래에 비해 미숙하다고 생각해야 합니다.

　'잘 듣고 기억하기 놀이'로 아이의 청각적 주의력을 기를 수 있습니다. 모두 잘 아는 '시장에 가면~'과 비슷한 놀이로 인형집을 두고 각 인형들에게 있어야 할 곳과 할 일을 지시하는 놀이입니다.

　예를 들면, "아빠는 목욕을 하고, 엄마는 소파에 앉아 TV를 보고 있어. 그리고 아기는 문 앞에서 장난을 치고 있어."라고 엄마가 지시를 하면 아이가 그 말을 기억하고 지시대로 인형들을 배치하는 놀이입니다.

　준비물이 없는 야외에서는 아이에게 몸으로 동작을 지시하는 형태로 바꾸기도 합니다. 즉, 놀이를 통해 주의 깊게 듣고, 기억하여 행동에 옮길 수 있는 능력을 기르는 것입니다.

　또 말을 할 때는 언제나 아이가 눈을 보며 듣게 해야 합니다. 들을 때 응시하는 버릇은 아주 중요합니다. 청각적 주의력이 높은 아이들의 대부분이 들을 때 바라보고 있습니다. 교실에서 아이들을 대할 때 수업 내용에 집중하는 아이들은 선생님의 작은 몸짓에도 반응하고 눈을 떼지 않습니다. 어렸을 때부터 버릇이 될 수 있도록 해야 합니다.

저는 독서와 연계된 동화 CD를 많이 활용합니다. 같이 동화 CD를 듣고 간단하게 이야기에 대한 질문을 주고 받습니다. 간혹은 아이의 엉뚱한 얘기에 서로 깔깔대기도 합니다.

동화 CD를 듣다 중간에 끊고 다음 이야기를 추측하거나 기억해 내기 또는 서로 릴레이처럼 한 문장씩 이야기하기 등의 활동도 좋습니다. 가장 중요한 것은 아이가 이야기를 틀리거나 엉뚱하게 말해도 깔깔거릴 수 있는 엄마의 바다와 같은 넓은 마음입니다.

아주 큰 의도를 가진 활동이지만 아이에게는 놀이 이상이 되어서는 안 됩니다. 즐거운 활동은 그 효과를 배로 만들 수 있습니다. 엄마의 깊은 속뜻을 숨겨야 아이들의 학습 효과가 커집니다. 잘 하는 것보다 아이가 즐길 수 있게 하는 것이 더 중요합니다.

다양하고 즐거운 놀이를 통해 접한 듣기는 아이에게 스스로 듣는 요령을 찾고, 익히게 하여 오랫동안 아이의 기억에 남게 됩니다.

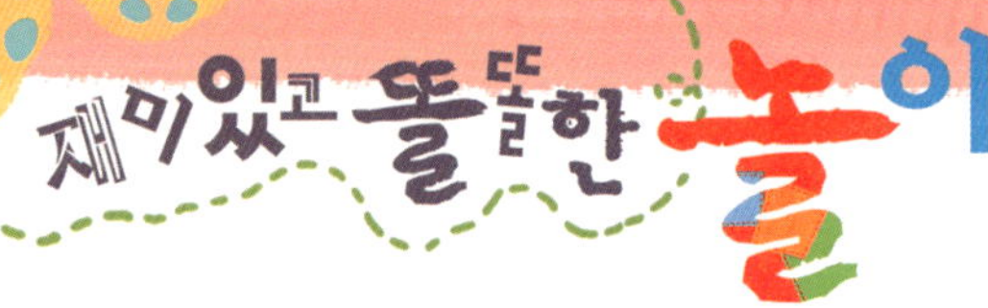

동물원 놀이

① 다른 색의 색종이를 깔아 동물원을 만든다.
　(블럭으로 원, 사각형, 삼각형 등 다른 모양의 집도 가능)

② 지시사항 말하기
　예 호랑이는 빨간 우리, 코끼리는 파란 우리, 하마는 초록 우리에 있어.

③ 아이는 지시사항을 들은 후 시작 종소리와 함께 수행한다.

④ 아이의 수준에 따라 게임이 진행될수록 행위 과제의 수준을 높여 같은 우리에 두세
　종류의 동물을 넣도록 변형할 수도 있다.
　예 사각형 우리에는 코끼리가 누워있고, 삼각형 우리에는 돼지가 밥을 먹고 있어.

MOM point >> 아이의 청각적 주의력을 높이기 위한 놀이입니다. 처음에는 간단한 행위 과제로 아이가 즐거운 놀이로 느끼게 해야 합니다.

연극하기

① 엄마가 동화책을 읽어주거나 동화 CD를 듣는다.

② 등장인물들을 그림으로 그려 나무젓가락 인형을 준비한다.

③ 각자 인물을 정한 후 동화 내용에 맞추어 인형극을 한다.

MOM point >> 연극을 통해 줄거리를 정리하고, 등장인물들의 성격과 사건에 대한 옳고 그름을 알 수 있는 통합적인 놀이입니다. 내용의 파악 뿐 아니라 발표력을 키우는 데도 좋은 활동입니다.

말하기는 연습과 자신감에서 시작된다

말하기는 타고난 기질의 영향을 가장 많이 받는 영역 중 하나입니다. 그러나 말하기는 환경에 의해 얼마든지 변화할 수 있고, 그 환경의 기초가 바로 아이의 말에 귀를 기울이는 것입니다.

아이들 중에는 아직 표현력이 충분하지 않아 말하려는 이야기가 머릿속에서 쉽게 입으로 나오지 않는 경우가 많습니다. 그러나 아이의 상태를 이해하지 못하는 부모님은 "도대체 무슨 말을 하려는 거야?" "니가 무슨 말을 하려는지 도무지 모르겠어. 똑똑히 얘기해 봐."라며 말하려는 아이를 무시하거나 윽박지르는 태도를 보입니다. 그러나 이런 태도는 아이들을 더욱 주눅들게 합니다.

글을 많이 써 본 사람이 글을 잘 쓸 수 있는 것처럼 말을 많이 해 본 아이가 말을 잘 하는 것은 당연한 이치입니다. 다른 사람 앞에서 말하는 경험을 많이 가질 수 있도록 기회를 자주 만들어야 합니다.

우리 아이들은 텔레비전 앞이 자기들 무대인 줄 압니다. 가족과 친구들 앞에서 상황이 허락된다면 언제나 발표하는 기회를 갖습니다. 손가락 인형을 끼고 구연동화를 하거나 노래를 부르기도 합니다. 때론 유치원에서 있었던 일을 말하기도 하고, 자기가 그린 그림을 소개할 때도 저는 텔레비전 앞에서 소개하게 합니다.

사소한 것이라도 앞에 나가 말할 수 있게 하고, 점점 나아지는 모습을 구체적으로 칭찬해 주는 것이 중요합니다. 예를 들면, "저번 보다 목소리가 커졌어." "엄마를 보며 말을 하니 더 재밌는 것 같아." 등의 칭찬은 아이를 더욱 크게 만듭니다.

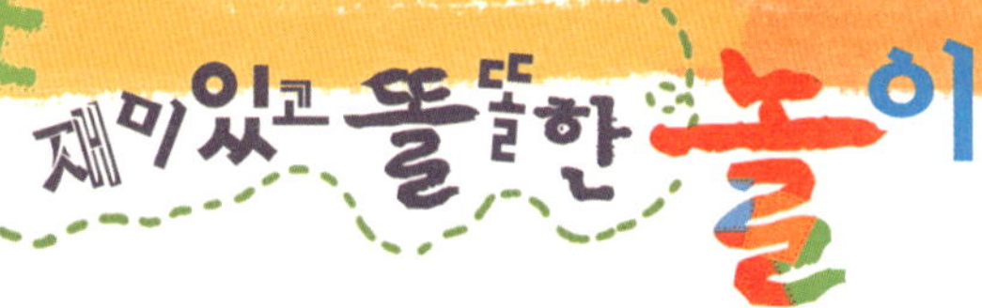

수시로 하는 발표회

① 옷, 소품, 머리 등을 꾸미며, 아이 스스로 발표회 준비를 한다.

② 정해진 위치에 입장한다.

③ 준비한 발표 내용을 간단히 소개하고 발표한다.

④ 끝인사로 마무리 하고 내려온다.

MOM point >> 가끔은 발표회장을 꾸며보는 것도 재미있습니다. 각종 인형들을 사용하거나, 예쁜 담요 등을 사용하여 아이가 발표회 성격에 맞게 꾸밀 수 있게 합니다. 동요나 동화를 선택하여 인물의 성격에 맞는 구연동화나 연극을 하는 것도 아이의 표현력을 키우는 방법입니다.

초등학교 저학년 아이들은 사소한 것에서 쉽게 자신감을 얻기도 하고 꺾이기도 합니다. 그래서 이 시기 아이들에게 다른 친구 앞에서 글을 잘 읽는 것과 잘 읽지 못하는 것은 자신감에 큰 영향을 주게 됩니다. 특히나 저학년 읽기 수업 시간에는 모든 아이들이 같이 읽기나 한 아이가 큰소리로 읽기 등의 활동을 자주하게 되므로 그 영향이 더욱 크다고 할 수 있습니다.

소리내어 글을 잘 읽기 위해서는 적어도 7살 부터는 하루에 단 한 권이라도 소리내어 책을 읽는 연습을 시키는 것이 도움이 됩니다.

딸아이는 자기 전에 책을 5권 정도 읽습니다. 4권은 제가 읽어주는 것이고, 1권은 꼭 혼자 읽도록 합니다. 수준은 10쪽 내외의 길지 않은 것으로 내용을 알고 있는 책 중에서 스스로 골라 옵니다. 내용을 아는 것이니 부담없이 자신있게 읽을 수 있습니다. 6개월 정도 꾸준히 노력하면 딸아이의 표현대로 엄마만큼 읽을 수 있게 됩니다.

동생이 있는 경우 엄마가 너무 바쁘니 동생에게 책 한 권만 엄마처럼 읽어달라는 부탁도 할 수 있습니다. 제 경우에는 자기 전이 잊지 않고 꾸준히 할 수 있는 시간이라 그 시간을 선택했지만 언제해도 멋진 활동입니다.

혼자서 잘 읽을 수 있는 책은 스스로 스티커를 붙여 활동에 대한 동기 유발에 도움을 줄 수 있습니다. 하루하루 체크리스트를 만들어 오늘은 무슨 책을 읽었는지 눈으로 확인하게 하는 것도 아이들에게 지속적인 자극이 됩니다. 이런 이유로

초등학교 저학년 교실에는 무수히 많은 발표 횟수 체크리스트와 독서량 체크리스트들이 있는 것입니다.

의미대로 끊어 읽기, 문장부호에 맞게 읽기의 경우는 따로 아이들에게 가르칠 필요는 없습니다. 지나친 예습은 오히려 학습을 방해하는 요인이 되기 때문입니다.

끊어 읽기가 제대로 되지 않으면 읽은 후 무슨 내용이었는지 전혀 이해를 못하는 경우도 생깁니다. 나아가 묵독, 속독에도 영향을 주게 됩니다. 읽기 독립이 된 아이의 경우라도 꼭 부모님이 책을 읽어주어야 하는 이유가 여기에 있습니다.

초등학교 입학 전 학습지를 통한 학습은 오히려 아이에게 득보다는 실이 많습니다. 특히 국어에서 책을 읽고 내용을 묻거나 이야기하는 활동은 책을 같이 읽고 난 후 부모님과 대화를 나누면서 자연스럽게 유도해 나가는 것이 훨씬 효과적이며 좋은 방법이라고 생각합니다.

앞으로도 계속 강조하겠지만 선행학습은 절대적으로 즐거워야 합니다. 그래야 기억에 오래 남고 그 기억들이 학교에서 학습시 멋진 마술을 부릴 수 있기 때문입니다. 즐겁지 않은 선행학습은 아이에게 학습에 대한 호기심을 빼앗고, 아이를 지치게 만듭니다.

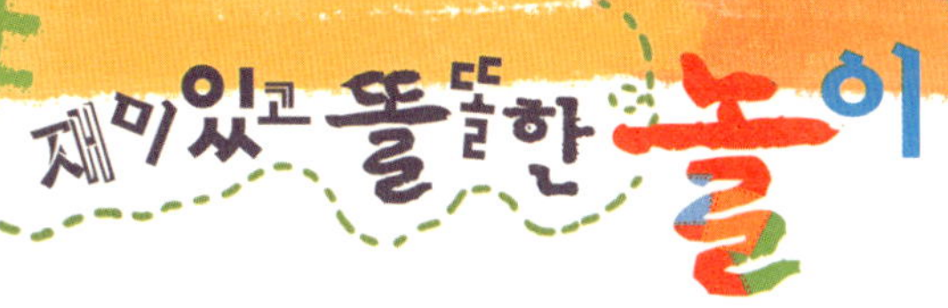

내가 선생님!

❶ 아이가 선생님이 되어 원하는 책을 고른다.

❷ 엄마는 학생이 되어 아이가 책을 읽어줄 수 있도록 유도한다.

❸ 아이에게 답을 얻고 싶은 부분에 대해 선생님인 아이에게 질문하는 형태로 답을 얻는다.

❹ 아이는 자신이 선생님이라는 생각에 답을 찾기 위해 많은 생각을 하게 된다.

마음 나타내며 읽기

❶ 아이와 상의하여 책을 선택한다.

❷ 각자 원하는 인물을 정한다.

❸ 인물의 상황이나 기분을 표현하며 읽기를 한다.

MOM point >> 아이가 좋아하는 부분은 거푸 몇 번을 반복하며 읽기의 즐거움을 느끼게 합니다. 등장인물의 기분에 따라 읽는 속도를 조절하며 읽습니다.

글씨를 보면 성격이 보인다

　　　　　7살이 되면 글자를 모양에 맞게 바른 획순으로 글쓰기를 연습해야 합니다. 이런 학습이 지루한 아이에게는 지나치면 독이 될 수도 있지만, 아주 잠깐씩이라도 연습을 하여 바로 잡아 놓아야 합니다.

　언젠가 책에서 '글씨를 보면 성격이 보인다.'라는 글을 본적이 있습니다. 저 역시 학급을 맡은 초반에는 아이들의 성격을 빨리 파악하기 위해 글씨 쓰기, 그림 그리기 등으로 아이들을 살펴봅니다. 선 그리는 방법, 색의 선택, 글씨 쓰는 자세와 글씨체는 그 아이의 단편적인 모습을 보여주기 때문입니다.

　글씨체는 변합니다. 사람의 얼굴이 변하듯 정말 수시로 변합니다. 예쁜 글씨를 쓰는 것이 목적이 아니라 정성스럽게 글씨를 쓸 수 있는 마음가짐과 자세를 기르는 것이 목적입니다. 그래서 글씨 연습을 할 때도 "예쁘게 썼구나."라는 칭찬보다 자세에 대한 칭찬, 좀 더 오래 집중했다는 것에 대한 칭찬, 'ㄴ'이 받침으로 쓸 때 바른 위치에 자리했다 등과 같은 구체적인 칭찬이 필요합니다.

　그림과 달리 글씨 쓰기는 이상하게도 획순을 따라 써야 제대로 써지는 경우가 많습니다. 교사 중에는 바르게 글씨 쓰기가 아주 중요하다고 생각하는 분이 제법 많습니다. 저학년 때 습관이 그대로 유지되기 때문이기도 하고, 공부하는 태도와 관계가 있기 때문이기도 합니다. 그래서 초등학교 입학 후 자신감을 위해서라도 바른 글씨 쓰기 연습은 꼭 필요합니다.

딸아이는 현재 6살이라 자유롭게 글씨를 쓰고 있습니다. 40개월쯤 대부분 글자를 읽기 시작하면서 이제는 속도도 제법 빠르게 잘 읽고 있지만, 간혹 'ㄷ'을 거울에 비친 듯 거꾸로 써오기도 합니다. 쓰기를 제대로 가르친 적이 아직 없지만 쓰는 즐거움을 잃게 하고 싶지 않기 때문에 제대로 쓰기는 미루었습니다.

아이들은 7살 전에는 필력이 충분하지 않기 때문에 글자들을 균일한 크기로 생각하여 쓰는 것이 거의 불가능하다고 합니다. 자유롭게 끄적이는 딸아이에게 저는 하루에도 3~4통씩 편지를 받습니다.

7살이 되어서 어느 정도 필력이 생기면 1~2학년용 칸 공책으로 글씨 연습을 할 것입니다. 내용은 듣기만 해도 웃음이 터져 나오는 멋진 동시나 글, 노래 가사들입니다. 지금은 차곡차곡 모으기만 하고 같이 공부할 날을 기다리고 있습니다.

시중에 글씨 쓰기에 대한 책들이 제법 많이 나와 있는 것을 보았습니다. 글씨 쓰기를 할 때 한 가지 주의할 점은 시작은 큰 칸 공책이 좋다는 것입니다. 시작부터 너무 작은 칸에 쓰다보면 아이의 글씨체를 오히려 망가뜨릴 수도 있습니다. 쓰기는 중요한 공부입니다. 하지만 지나친 강조로 글쓰기와 글짓기에 대한 거부감이 나타나지 않도록 하는 것이 더 중요합니다.

글짓기는 마음의 표현이다

글짓기는 마음의 표현입니다. 있었던 일을 쓰는 것도, 느낀 점을 쓰는 것도 모두 내 안의 그림을 글로 표현하는 것입니다. 초등학교 1학년에는 글짓기에 큰 비중을 두지 않습니다. 하지만 짧은 글쓰기는 곧잘 해야 합니다. 자기의 마음을 읽을 줄 알고, 많이 표현해 본 아이들은 이런 짧은 글 속에서도 자신의 개성과 생각을 잘 표현합니다.

표현법을 가장 쉽게 배울 수 있는 것이 바로 독서입니다. 독서를 통해 생각하는 것을 말로 표현하고, 엄마의 표현을 듣는 것이 제일 좋은 공부입니다. 독서를 통해 서로 공감하는 부분을 이야기하며 아이는 더욱 많은 것을 배우게 됩니다.

아이에게 자기의 생각과 의견을 말할 수 있는 기회를 많이 주어야 합니다. 그러나 아이가 유치원에서 재미있었던 일을 얘기하면, 엄마 아빠는 '왜?'라는 질문으로 아이를 혼란스럽게 하고, 아무렇지도 않게 했던 말에 야단을 치기도 합니다. 이런 경험은 결국 아이가 자신의 생각과 느낌을 표현하는 것에 부담을 느끼게 하고 아이가 연습할 수 있는 기회조차 사라지게 합니다.

이처럼 표현을 잘 하는 아이로 만들려면 부모님의 반응이 가장 중요합니다. 재미있는 표현이나 자기 생각을 잘 표현했을 때는 누구나 칭찬을 많이 할 수 있습니다. 그러나 그 내용이 교육적으로 고쳐주어야 하는 경우라면 상황이 달라집니다. 부모님은 칭찬보다 그 부분을 고쳐주려는 마음이 앞서게 될 것입니다.

그러나 그 마음을 꾹 참고 그 순간에는 표현에 대한 칭찬을 해 주어야 합니다.

그리고 시간이 흐른 뒤 아이가 얘기한 것과는 아무 상관이 없는 것처럼 다시 아이에게 알려주는 인내심이 아이들을 더 크게 할 수 있습니다.

감정을 나타내는 말들 또한 그렇습니다. 우리나라 사람들이 주로 사용하는 어휘를 분석해 보면 감정을 나타내는 말에 대한 어휘 사용이 다른 어휘들에 비해 현저히 떨어진다고 합니다. 이런 어휘력을 높이기 위해서는 동요와 동시를 많이 접해보는 것이 도움이 됩니다.

먼저 동요는 재미있고 아름답게 표현된 가사들이 많습니다. 하지만 대부분의 아이들이 내용을 이해하지 않고 그냥 부릅니다. 그러나 가사는 꼭꼭 씹어 음미해야 내 것이 되어 어휘력을 높일 수 있습니다.

아이에게 가사를 말로 이해시키는 것은 어렵습니다. 그래서 딸아이와 동요에 맞는 율동을 만들어 노래를 불렀습니다. 이런 습관이 몸에 밴 딸아이는 요즘도 유치원에서 노래를 배우면 혼자 율동을 만들고, 집에 와서 제게 자랑을 합니다. 그 수준이 이젠 저를 뛰어넘어 깜짝깜짝 놀라곤 합니다.

율동을 만드는 것은 재미있고, 아름다운 가사를 몸으로 표현해 보는 것입니다. 이렇게 몸으로 표현해 본 멋진 말들은 아이의 기억 속에 오래 남아 아이에게 표현의 재미를 알게 합니다. 또 아이가 7살 정도가 되었다면 동시를 일정 기간 외우게 하는 방법도 기억력, 표현력에 도움이 됩니다. 단, 놀이처럼 외우려면 엄마와 함께 매일 낭송하듯 천천히 외우는 것이 좋습니다.

율동 만들기

① 마음에 드는 동요 또는 동시를 정한 후 아이와 천천히 읽는다.

② 내용 중 아이가 이해하지 못하는 부분에 대해 설명한다.

③ 주체가 아이가 될 수 있도록 아이의 생각을 끌어내어 몸으로 표현할 수 있게 한다.

④ 율동이 모두 정해지면 아이와 함께 연습한다.

⑤ 아이와 무대를 만들고 발표회를 하는 것처럼 인사 후 발표회를 갖는다.

'~처럼' 게임

'~처럼'을 붙여 문장을 만드는 게임으로
엄마와 번갈아 가며 말한다.

예 엄마 : 바람이 얼음처럼 시원하다.
　　아이 : 자동차가 초원 위를 달리는
　　　　　치타처럼 빠르다.

말 붙이기 게임

꾸미는 말 또는 설명하는 말을 번갈아가며 붙여 문장을 풍부하게 만드는 게임이다.

예 아이 : 하늘
　　엄마 : 파란 하늘
　　아이 : 바다처럼 파란 하늘
　　엄마 : 부드러운 바다처럼 파란 하늘

받아쓰기 연습보다 책을 읽혀라

초등학교 교사라는 것을 알면 입학 전 아이를 둔 부모님들이 제게 가장 관심있게 물어보는 것 중 하나가 받아쓰기입니다. 학교에서 첫 시험의 형태를 띠고 있는 것이고, 아이도 부모님도 많은 스트레스를 받기 때문인 것 같습니다.

그러나 교사인 엄마들이 입학 전 준비해야 하는 것에 받아쓰기는 거의 들어 있지 않습니다. **대부분의 교사는 천천히 해도 별 탈 없는 것이라 생각합니다. 저 역시 받아쓰기를 연습할 시간에 책 한 권을 더 읽는 것이 낫다고 생각합니다.**

학교마다 다르지만 보통 아이가 학교에 익숙해졌을 때 받아쓰기를 시작합니다. 빨리 시작하는 학교도 보통 5~6월은 되어야 시작하는 경우가 많습니다. 또 요즘은 대부분 받아쓰기 문제를 미리 프린트물로 나누어 주고, 심지어는 번호도 바꾸지 않고 거의 똑같이 문제를 냅니다. 즉, 시험에 비중을 두는 것이 아니라 학습에 비중을 더 크게 두고 있다고 생각하면 됩니다.

입학 전까지 딸아이에게 받아쓰기를 시키지 않을 계획입니다. 입학한 학교의 받아쓰기가 어떻게 이루어지는지 일단 살펴보고, 천천히 연습을 시켜도 늦지 않다고 생각합니다. 또 그보다 더 중요하고, 하고 싶은 것이 많기 때문입니다.

받아쓰기 공부를 시키는 요령은 조금씩 다르겠지만, 자꾸 틀리는 단어에 대해 엄마와 이야기를 나누면서 써 보는 것이 좋습니다. 그렇게 하면 좀 더 쉽게 아이가 외울 수 있게 됩니다.

희재야, 학교 가자

또 아이가 자꾸 틀리는 것에 대해 아이의 능력이 떨어져서라기 보다는 그 배움의 방법이 아이에게 맞지 않아서였다고 생각하면 더 나은 결과를 얻을 수 있습니다. 이것은 아이에게 공부하는 방법을 스스로 찾게 하는 길이기도 합니다.

아이가 외우기 힘들어 하는 경우에는 다른 것에 빗대어 기억하게 하는 연상작용을 이용해 보는 것도 좋습니다. 단어로 이야기 만들기, 좋아하는 책에서 찾아보기, 헷갈리는 단어와 비교해 써보기 등 야단맞고 구박받으며 거푸 몇 번씩 써내려가는 것보다 훨씬 효과적인 방법입니다.

실제로 학교에서 1학년을 가르칠 때 받아쓰기에서 틀린 것을 그림으로 나타내기, 책에서 찾아 문장 써보기, 이야기로 만들어 보기 등을 숙제로 내주면 아이들이 좀 더 쉽게 익힐 수 있었습니다.

받아쓰기 점수의 한 가지 확실한 의미는 바로 '성실함'입니다. 받아쓰기 점수는 해야 할 일을 했을 때 나오는 결과입니다. 받아쓰기 점수가 낮을 때는 무엇이 문제였는지 아이와 이야기를 나누되 아이를 다그치기 위한 대화가 되어서는 안 됩니다. 실수한 아이가 엄마보다 더 속상합니다.

③ 1학년 수학 무엇을 배울까요?

수와 연산

　　수에 대한 것은 1학기에는 0부터 50까지, 2학기에는 100까지의 수에 대해 배웁니다. 그림보고 세어보기, 기수와 서수, 0의 개념, 간단한 연산, 건너뛰기, 크기 비교, 가르고 모으기 등을 배우게 됩니다.

　1학기 연산은 연산의 개념에 대해서만 가르친다고 생각하면 됩니다. 덧셈과 덧셈식에 대한 것, 뺄셈과 뺄셈식에 대한 것을 배우고, 덧셈과 뺄셈의 관계, 바꾸어 더하기에 대해서 배웁니다.

　2학기 연산은 두 자리 수끼리의 연산, 1의 자리에서 받아올림과 10자리에서 받아내림이 있는 덧셈, 뺄셈을 하게 됩니다. 그리고 세 자리 수의 덧셈도 배웁니다.

도형

직육면체, 원기둥, 구와 같은 도형을 관찰하고 특징을 찾는 법을 생활과 연계하여 배우게 되며, 평면도형도 마찬가지로 사각형, 삼각형, 원을 생활에서 찾아보고 꾸며보는 학습을 하게 됩니다.

측정

구체물의 길이, 들이, 무게, 넓이를 비교하여 말로 표현하는 것을 배우고, 바늘 시계 보는 법을 배우게 됩니다. 측정에서는 아이들의 직관적인 비교 활동을 통하여 양감을 느낄 수 있도록 합니다.

확률과 통계

기준에 따라 분류하기를 배우고, 규칙성과 문제 해결에서는 여러 가지 물체, 무늬, 수의 규칙을 찾아 규칙에 따라 배열하기, 비어있는 곳 채우기 등의 활동과 직접 규칙을 정하여 배열해 보기, 100까지의 수 배열표에서 규칙 찾기, □를 이용하여 식 만들기, 실제로 해보기, 그림 그리기, 식 만들기 등을 배우게 됩니다.

④ 생각하고 궁리하는 수학

수학은 기술이 아니다

초등학교 6학년을 졸업하는 아이의 입에서 수학이 재미있는 과목이라는 말이 나왔다면 초등학교 수학 교육은 성공한 것이라 생각합니다. 수학은 개념 과목입니다. 외워서 잘해지는 암기 과목이 절대 아닙니다. 그래서 앞에 써 놓은 1학년 때 무엇을 배우는가에 대해서는 잊어버려도 좋다고 생각합니다. 아니, 아이에게 강요할 것 같으면 꼭 잊어버리도록 권하고 싶습니다.

처음 시작하는 수학은 손과 몸으로 놀며, 그 개념을 배우는 활동수학입니다. 연산의 능숙함과 문제의 익숙함은 오래 가지 않으며, 그것만으로는 다른 개념으로 발전을 이룰 수가 없습니다.

그러나 부모님들은 학습지를 통해 아이들이 수학을 더 잘 할 수 있다고 생각합니다. 아이가 학습지를 조금 더 열심히 풀어서 점수가 올라가거나 문제를 푸는 속도가 다른 아이보다 조금 더 빠를 수는 있습니다. 그러나 멀리 보았을 때 아이의 수학능력에 크게 도움이 되지 않습니다. 오히려 아이의 수학 교육에 독이 되는 활동입니다.

　그래서 저는 대부분의 수학 학습지를 경계합니다. 아이와 엄마 사이를 이간질시키는 주범이며, 수학이라는 멋진 과목을 몹쓸 과목으로 아이에게 인식시키는 존재이기 때문입니다.

　요즘 적기교육이라는 말을 심심찮게 들어보았을 것입니다. 조기교육에 반대되는 단어로 받아들일 준비가 되어 있는 아이에게 교육을 해야만 효과를 극대화 할 수 있고, 조기교육이 오히려 아이를 망칠 수 있다는 경고의 의미로도 볼 수 있습니다.

　교육은 시기가 빠르다고 좋은 것이 아닙니다. 받아들일 준비가 되어 있지 않은 아이에게 강요하면 교육에 대한 흥미를 잃고 시야가 좁아져 버립니다. 최악의 경우 공부할 수 있는 뇌가 망가져 버리기도 합니다.

　모든 분야에 해당하는 말이지만 특히 사고의 힘을 요구하는 수학 과목에서는 절대로 잊지 말아야 할 것이 적기교육입니다. 아직 그 사고의 힘이 미치지 않은 부분을 아이에게 강요해서는 안 됩니다. 그것이 노력으로 이루어질 수 있다는 생각 또한 버려야 합니다. 수학에서 배워야 하는 것은 기술이 아닙니다.

원리를 아는 것이 중요하다

추상적인 개념이 생기는 시기부터 수학에 대한 활동은 이루어져야 합니다. 즉, 한글을 자유롭게 읽고 제법 작은 블록들을 맞출 수 있으며, 길이와 양의 개념을 아는 시기부터 아이는 활동을 통해 개념을 익힐 수 있게 됩니다. 보통 5~6살 아이들이 그 정도 수준에 이르게 됩니다.

요즘은 인식이 바뀌어 놀이수학이나 활동수학 처럼 수학에 관한 활동식 수업들이 다양하게 이루어지고 있습니다. 앞에서 언급한 1학년 때 배워야 하는 영역별 내용을 아이의 사고력이 받아들일 수 있다고 생각하는 그 순간부터 활동을 통해 개념을 배울 수 있도록 도와야 합니다. 이것은 비단 초등학교 입학 전 뿐만 아니라 적어도 초등학교 전 학년에서 이루어져야 할 수학 교육 방법입니다.

원리로 접근하지 않고, 방법으로 접근하는 아이들의 대부분이 수업 시간에 하는 활동에 흥미를 갖지 못합니다. 그런 아이들은 대부분 문제를 풀이하는 방식으로 수학을 배우고 연습한 아이들입니다. 즉, 문제의 원리나 사고의 방향 보다는 문제를 빠르고 정확하게 푸는 것이 더 중요하다고 생각하는 것입니다.

1학년 아이들을 살펴보면 곱셈에 구구단까지 다 외우고 오는 아이들도 제법 많습니다. 하지만 그런 아이들이 또래 아이들에 비해 월등히 뛰어나지도 않습니다. 도리어 수업 시간에 지루해 했습니다.

문제를 빨리 푸는 법을 배워 100문제를 푸는 것보다 원리를 알고, 그 원리대로 한 문제를 푸는 것이 아이를 더 크게 키울 수 있습니다.

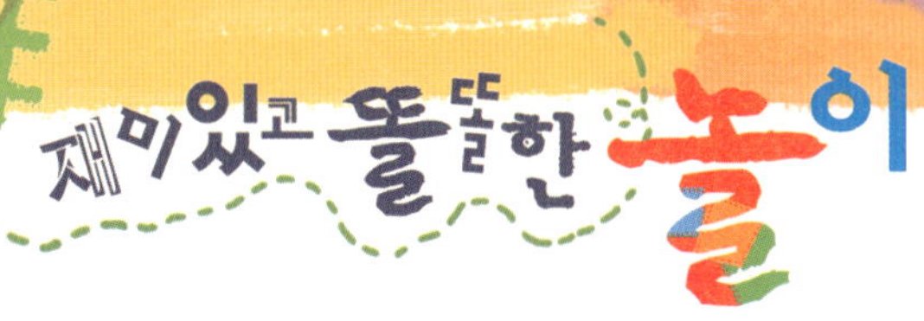

동전놀이

1,000원이 되기 위해 필요한 동전은 몇 개일까? 각각 필요한 동전들을 늘어놓거나 쌓은 후 그 양을 서로 비교하며 양의 개념에 대해 배울 수 있다.

예 10원이 1,000원이 되려면 몇 개의 동전이 필요할까?
50원이 1,000원이 되려면 몇 개의 동전이 필요할까?
100원이 1,000원이 되려면 몇 개의 동전이 필요할까?
500원이 1,000원이 되려면 몇 개의 동전이 필요할까?

MOM point >> 1,000원이라는 같은 금액을 만들기 위해 필요한 각 단위의 동전 개수를 비교하며 양의 개념을 익히는데 목적이 있습니다.

　　　　　　규칙은 요리 활동이나 식사하는 자리에서도 가능합니다. 또 길을 지나가다 보이는 것에서 규칙을 찾는 놀이를 하거나 장신구 만들기, 자동차를 이용한 규칙이나 패턴 만들기 등에서도 쉽게 규칙을 배울 수 있습니다.

　도형의 개념을 정립하기 위해서는 꼭짓점이 둥글지 않고, 모서리가 선으로 이루어진 것이어야 합니다. 그래서 저는 도형을 이야기할 때 모서리가 각지지 않은 것은 사각형을 '닮았다'고 이야기합니다. 그리고 왜 사각형이라 부를 수 없는지도 같이 이야기해 줍니다.

　도형은 보이지 않는 선을 머릿속에 그릴 수 있어야 하는 학문입니다. 그러기 위해서는 직접 만들어 보는 방법이 가장 좋습니다. 즉, 평면도형을 쌓아 올리면 입체도형이 만들어진다는 것과 그 도형을 반으로 나누었을 때 나타나는 평면도형의 모양을 머릿속에서 오리고 붙일 수 있는 힘은 직접 많이 만지고, 쪼갰다 붙여 본 활동에서만 얻을 수 있습니다.

　딸아이의 경우 가베 활동을 통해 숨겨진 도형의 모습을 찾아내는 놀이를 하였습니다. 처음에는 가능할까 싶었지만 곧잘 해내는 아이를 보며 다시금 아이의 능력을 단정짓지 말아야겠다는 생각을 했습니다.

　수학 활동으로 할 수 있는 놀이는 무궁무진 합니다. 부모의 관심이 의미있는 놀이를 만듭니다. 그러나 놀이에서 개념 정리로 넘어가는 과정에서 아이에게 잘못된 개념을 심어주지 않도록 주의해야 합니다.

도형쌓기

❶ 엄마 또는 아이가 블럭이나 가베를
이용하여 도형을 쌓는다.
❷ 휴대폰이나 디지털 카메라로 정면
을 찍는다.
❸ 상대방은 그 사진을 보고 정해진
시간 내에 똑같은 모양으로 도형
을 쌓는다.

MOM point >> 같은 도형이 많을 경우 상대방이 쌓은 것과 똑같이 쌓게 하는 활동부터 시작하며, 시간을 정해 놓고 게임처럼 진행합니다.

마트놀이

❶ 물건 가격 비교하기 : 가짜 돈이나 진짜 돈을 사용하여 물건을 사고 파는 놀이
❷ 500원으로 무엇을 할 수 있을까?
　예 500원으로는 스티커 사기,
　　과자 사기, 미니 자동차 타기 등

MOM point >> 물건의 가격을 알아보며 자연스럽게 단위의 개념을 익히게 됩니다. 또한 정해진 돈으로 할 수 있는 다양한 경우의 수를 찾아보며 가치에 대한 개념을 갖게 합니다.

즐거움을 담아라

초등학교 저학년 아이들은 집중 시간이 짧아 쉽게 흥미를 잃고, 조금 힘든 과제에도 지레 겁을 먹어 피해 버리는 경우가 많습니다. 때문에 저학년일수록 활동 난이도를 아이의 수준에 맞추어 천천히 올리고, 그 활동의 주체가 오로지 아이가 되도록 하여 스스로 해결할 수 있게 해야 합니다.

아이들은 스스로 오랜 시간 집중하고, 시행착오를 거치며 얻은 지식은 오래 기억하게 됩니다. 물론 아이에게 너무 어려운 활동으로 아이의 집중력과 흥미를 잃게 하는 것은 좋지 않습니다. 이때 **부모의 역할은 아이가 스스로 활동을 통해 원리와 개념을 깨우치도록 도와주는 것입니다.**

만약 아이가 끝까지 해내지 못했다 하더라도 그 시간까지의 활동 과정을 칭찬해 주어야 합니다. **못 푼 것에 대한 비난보다는 풀려고 노력한 것에 대한 긍정적인 평가가 아이의 집중 시간을 늘려 주고, 문제에 대처하는 긍정적인 자세를 갖게 합니다.**

이런 경험을 통해 결과와 관계없이 칭찬을 받은 아이들은 언제든 다시 그 문제에 도전할 수 있습니다. 또다시 결과가 좋지 않더라도 자신의 행동이 뜻있는 행동이라는 것을 배웠기 때문입니다. 하지만 결과만을 보고 아이를 도와주거나 끝까지 했음에도 정답을 가져오지 못한 아이를 야단치게 되면 아이는 스스로 풀려는 의욕과 능력을 잃어버립니다.

보통 놀이수학을 하다보면 많은 부모님들이 미숙한 아이를 도와주려 하거나 원리를 설명해주려 합니다. 그것은 아이에게 귓가를 스쳐가는 배경 음악 이상은 되지 못 합니다.

놀이수학을 할 때 부모님은 아이가 끝까지 할 수 있을 것이라는 독려와 믿음을 아이에게 주어야 합니다. 그리고 절대 다른 아이와 비교하지 말아야 합니다. 이런 과정 속에서 아이는 스스로 그 활동을 즐기게 됩니다.

모든 과목에서 제가 가장 중요하게 생각하는 것은 '즐기다'라는 말입니다. 국어 활동과 마찬가지로 활동을 통한 수학 공부에서도 아이와 부모가 모두 즐길 수 있는 활동이어야 하며, 그런 활동을 찾아내는 것이 부모가 할 일입니다.

아이가 블록을 좋아한다면 블록으로 연산과 도형을 가르치면 됩니다. 단, 아이의 놀이 시간 전체가 교육이 되어서는 안 되며, 짧게 의미있는 활동이 이루어지고 난 후 아이가 자유롭게 활동할 수 있도록 해야 합니다.

아이가 어떤 것을 제일 좋아하고, 흥미롭게 생각하는지 가장 잘 아는 사람이 부모입니다. 아이의 놀이 패턴을 확인하고 그 놀이에 수학적 놀이를 적용하는 것이 최고의 방법입니다.

좋은 교구란 무엇인가

엄마가 되고 나서 놀랐던 일 중 하나가 수많은 교구였습니다. 어찌나 마음이 혹하는 교구가 많은지 제 마음을 이리저리 흔들곤 하였습니다. 그런데 자세히 살펴보면 교구의 대부분이 집에서 만들 수도 있고, 저렴한 가격으로 문구점에서 구할 수 있는 것들입니다. 또한 집 주위에서 주울 수도 있고, 서랍장 깊은 곳에서 꺼낼 수도 있는 그런 것들이 많습니다.

의외로 예쁜 교구보다 엄마와 함께 만든 교구를 아이들은 더 좋아합니다. 자기가 의미있는 활동을 하고 있다는 생각, 자기가 만든 것으로 배울 수 있다는 사실이 아이에게 멋진 동기로 작용되는 것입니다.

예를 들면, 수 개념을 가르칠 때 색 빨대를 이용할 수 있습니다. 10cm정도로 빨대를 잘라 우유팩으로 만든 통에 넣어 두고, 꼬치를 끼울 때 쓰는 막대에 10개씩 끼워 10을 만들어 보았습니다. 물론 그 활동은 아이와 함께 했습니다. 그리고 10씩 만든 꼬치들을 연결하여 100을 만들어 보고, 다른 숫자들도 만들어 보며 그 개념을 익혀 나갔습니다.

색 빨대는 패턴을 만드는 수업을 할 때도 쓰입니다. 실에 꿰어 규칙적인 패턴으로 목걸이나 가발을 만들고, 액세서리를 만들어 가방에 걸고 다니기도 합니다. 비싼 돈 들이지 않고도 교육과 놀이를 한 번에 잡을 수 있는 방법입니다.

　도형에 대한 교구로 색종이만큼 좋은 교구도 없습니다. 좀 더 오래 보아야 할 경우에는 손 코팅지를 이용하여 코팅하기도 했습니다. 자석판으로 된 종이도 문구점에서 어렵지 않게 구할 수 있습니다. 직접 만들어 보며 도형에 대한 원리와 개념을 익히기에 충분합니다.

　교구 중 가장 으뜸은 바로 엄마입니다. 교구의 제작은 반듯반듯하고 예쁜 것보다 아이와 함께 만든 것이 훨씬 더 의미있다고 생각합니다. 단, 도형의 정확한 개념을 알려주기 위해서는 도형을 이루는 선, 모서리, 꼭지점 등을 정확하게 맞추어서 만들어야 합니다. 그래야 정확한 개념을 아이에게 심어줄 수 있습니다.

　1학년 교과서에 나오는 모든 영역의 교과서 내용은 그림에서 시작합니다. 그 이유는 입체 교과서를 만들 수 없기 때문이라 생각합니다. 그런 그림을 접하기 전에 실제로 많은 활동과 재미있는 놀이를 통해 개념이 정립된 아이들은 배우지 않아도 2~3학년 수학을 할 수 있는 힘이 있습니다.

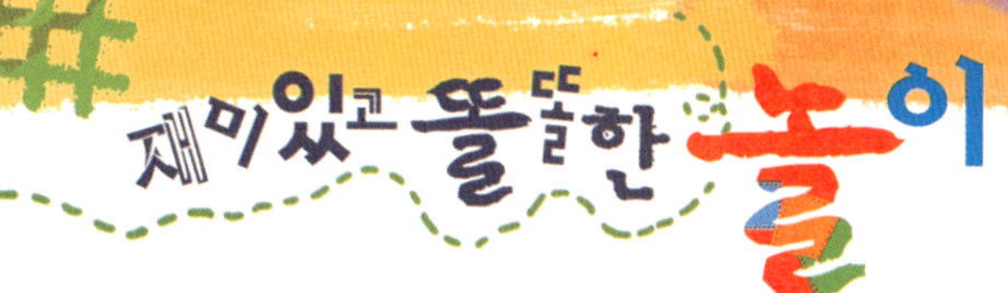

색종이로 도형 만들기

① 여러 가지 모양의 도형을 관찰한다.

② 도형끼리 같은 점과 다른 점을 이야기한다.

③ 색종이로 여러 가지 사각형과 삼각형을 만든다.

④ 도형을 도화지에 붙이고 색연필, 크레파스 등으로 도형과 어울리는 그림을 그린다.

⑤ 사각형과 삼각형의 개념을 정리한다.

> **MOM point** >> 사각형이란 네 개의 변과 네 개의 꼭지점을 가진 다각형이고, 삼각형은 세 개의 변과 세 개의 꼭지점을 가진 다각형입니다.
> 도형에 대한 개념에 접근하기 전 점과 선에 대한 개념을 먼저 아이에게 인지시켜야 합니다.

장신구 만들기

아이에게 규칙을 알려주는 놀이이다.

① 색종이를 다양한 모양으로 오린다.

② 아이와 일정한 순서를 정하여 목걸이나 허리띠를 만든다.

③ 규칙과 불규칙에 대하여 이야기를 나눈다.

게임으로 수학을 배우다

딸아이는 직접 만들어 쓰는 교구들외에도 보드게임과 가베를 많이 사용하여 놀이활동을 합니다. 그중 보드게임은 그 유형별로 유명하고 멋진 게임들이 많이 있습니다.

연산, 도형, 규칙 찾기, 수의 분해와 집합 등을 이용한 다양한 게임 중 아이가 좋아하고 수준에 맞는 게임을 찾아야 합니다. 유명한 게임이나 똑똑한 아이들이 곧잘 한다는 게임을 선택해 다른 아이들과 비교하거나 아이를 다그치는 것은 오히려 역효과만 낳습니다.

혹시 아이가 힘들어하거나 짜증을 내면 과감히 나중으로 미루고 어느 정도 아이의 사고력이 커졌을 때 다시 시도하면 아이는 훨씬 쉽고 재미있게 받아들일 수 있습니다.

저는 보드게임에서 적기교육의 힘을 가장 많이 느낍니다. 욕심을 내어 아이 수준보다 조금 어려운 게임을 사면 전시용이 되기 일쑤입니다. 하지만 접근을 재미있게 하면 또 그 수준만큼 끌어올릴 수도 있습니다.

놀이를 할 때는 놀이로만 대해야 합니다. 교육적으로 얻고자 하는 것은 아이에게는 기밀사항이며, 게임에 익숙하지 않은 아이에게는 모든 실수에 대해 너그러워야 그 게임을 즐길 수 있게 됩니다.

추상적인 개념의 성립은 게임이 익숙해진 뒤 아이가 원리를 받아들일 수 있는 준비가 되었을 때에만 가능하다는 것을 잊지 말아야 합니다. 욕심 부리는 마음,

급히 가려는 마음 모두 독이 될 수 있습니다.

어떤 게임은 집에서 종이 몇 장으로 뚝딱 만들 수도 있습니다. 그 대표적인 게임이 빙고입니다. 덧셈 빙고, 뺄셈 빙고 등을 아이와 함께 하다보면 아이의 향상된 연산 실력에 깜짝 놀라게 될 것입니다.

가베 활동을 통해 점, 선, 면에 이어 입체도형까지 딸아이는 별 무리 없이 머릿속에 그 모양과 개념을 잡아 가고 있습니다. 물론 수학적인 개념을 배우고 있지만, 그것을 사용하여 만들어내는 결과물들이 하루하루 발전하는 것을 보며 모자란 엄마는 신기하기만 합니다.

가베 활동이나 보드게임은 아이의 집중력 신장에도 아주 큰 도움이 됩니다. 한시도 눈을 돌릴 수 없게 하니 아이는 고도의 집중력을 발휘하게 되고, 집중 시간도 점차 늘어나게 됩니다.

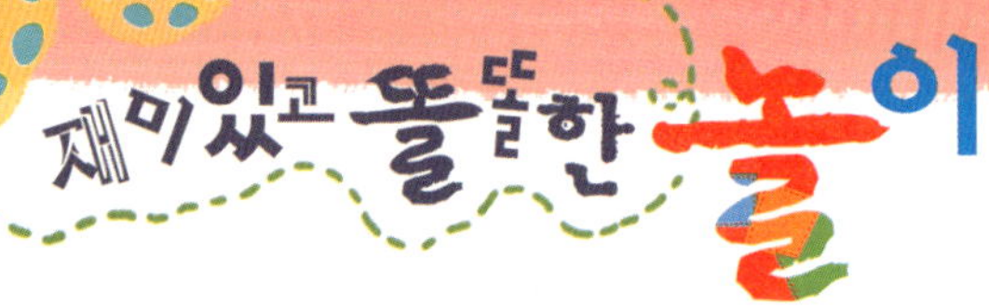

게임으로 연산 익히기

❶ 처음에는 주사위에 나온 개수만큼 칸을 세며 말을 전진시킨다.

❷ 익숙해지면 덧셈, 뺄셈을 사용하여 전진하거나 후진할 수 있다.

> **MOM point >>** 연산을 하면서 말을 진행시키는 가장 기본적인 보드게임으로 아이와 전적을 기록해 동기 유발 효과를 가질 수 있습니다.

빙고 게임

❶ 5×5로 25칸으로 이루어진 틀에 1~25까지 숫자를 겹치지 않게 적는다.

❷ 번갈아 가며 1~25의 숫자를 하나씩 부른다. 불린 숫자는 지운다.

❸ 가로·세로·대각선으로 5줄을 먼저 지우는 사람이 승리한다.

> **MOM point >>** 아이와 많은 준비없이 할 수 있는 게임입니다. 숫자를 익히고 연산을 배우는데 많은 도움이 됩니다.

수학은 익숙해야 한다

수학은 구체물로 접근하여 놀이라는 방법을 통해 추상적인 사고로 완성되어야 합니다. 그것은 수학이 사고의 학문이기 때문입니다. 모든 수학적 개념이 상위 개념이 될수록 사고의 힘에 의해 이루어집니다. 그래서 구체물을 이용한 놀이를 통해 얻어진 개념은 반드시 추상적인 언어로 정립되어야 합니다.

예를 들면, 사각형을 배울 때 "주위에 사각형 모양을 찾아보자."라고 할 때는 텔레비전, 컴퓨터, 책상 등을 찾을 수 있습니다. 좀 더 구체적으로 가베나 색종이를 이용하여 정확한 사각형을 만들어 볼 수도 있습니다. 그러나 마지막에는 그림을 통해 사각형이 되는 원리를 찾고 개념을 정립시키는 과정이 꼭 필요합니다.

텔레비전처럼 똑바른 정사각형뿐만 아니라 일그러진 모양의 사다리꼴도 다이아몬드 모양도 모두 사각형이라는 것을 놀이를 통해 알게 하고, 그 사각형들이 공통적으로 직선으로 이루어진 4개의 각을 가지고 있다는 것을 알아야 합니다.

수학 용어는 그냥 책상을 책상이라 부르듯 자연스럽게 아이가 이해할 수 있도록 접근해야 합니다. 분류의 개념을 가르치며 '기준'이라는 말을 이해시키기 어려우면 놀이를 통해 아이가 직관적으로 이해하고, 익숙해질 수 있도록 계속 사용하는 것도 한 방법입니다.

딸아이는 기준이란 단어의 뜻을 설명할 수는 없지만 놀이를 통해 사용하는 것을 보면 정확히 인식하고 있다고 생각합니다. 설명하기 보다는 놀이를 통해 아이와 수학이 친숙해질 수 있도록 이끌어가는 것이 이 시기의 수학 교육입니다.

도형으로 그림그리기

❶ 다양한 사각형과 삼각형을 준비한다.

❷ 사각형과 삼각형에 대한 개념을 통해 분류한다.

❸ 다양한 사각형(또는 삼각형)을 배열하며 형태를 만든다.

❹ 만든 작품과 도형의 느낌에 대해 이야기 한다.

MOM point >> 도형의 정확한 개념을 알고, 같은 사각형 또는 삼각형이라도 모양이 다를 수 있다는 것을 알게 합니다.

구석구석 숨겨진 생활 속 수학놀이

양과 길이 등의 측정은 일상생활에서 엄마가 조금만 신경쓰면 아주 많은 놀이감을 찾을 수 있습니다. 그중 가장 좋은 것이 요리활동입니다. 길이와 양에 대해 즐겁게 배우고, 자신감 향상에도 큰 도움을 줍니다.

또 줄자나 작은 저울을 이용한 놀이도 아이가 즐겁게 익힐 수 있는 놀이입니다. 10cm에 더 가까운 것 찾아오기나 리모콘 보다 짧은 것 찾아오기 등의 게임을 할 수도 있습니다. 이런 게임을 부피나 모양을 제한하고 길이에만 집중하게 하는 방법이기도 합니다.

또 저울을 이용하여 무게를 재는 놀이도 있습니다. 더 무거운 것 가져오기, 부피가 크지만 가벼운 것 찾기 등의 놀이도 재미있어 합니다. 원리로 따지자면 쉬운 것이 아니지만 생각보다 쉽게 아이는 이 과정을 익혀 갑니다. 부피와 밀도의 관계를 알아가며 무게에 대한 개념도 생기게 됩니다.

앞에서 소개한 것처럼 돈을 사용한 연산도 좋은 방법이며, 집에서 하기 힘든 무게의 비교는 마트에서도 가능합니다. 100자리의 수를 알게 된 아이의 경우, 세제나 쌀 등의 무게를 눈으로 비교해 보고 들어볼 수 있는 배움의 장이 마트입니다. 피해가 될 정도가 아니라면 살짝 저울도 사용해 볼 수 있습니다. 개수를 세어보고 더하거나 빼보며 장을 보는 것도 아이에게는 재미있는 수학놀이가 됩니다.

일상에서 수학 용어와 개념을 이용하여 이야기하는 것도 좋은 방법입니다. 빵을 똑같이 나누어 먹을 수 있는 방법을 아이와 함께 연구해 보는 것, 놀이 시간을 얼마나 더 가질 수 있는지 시계를 이용하여 아이와 결정하는 것 등의 행위도 아이가 수학적인 사고를 할 수 있게 합니다.

또 아이와 이야기할 때 분수의 개념을 자주 사용하다 보면 아이가 분수를 공부할 때 좀 더 쉽게 개념을 익힐 수 있습니다. 즉, 빵을 먹을 때도 "조금만 먹자." 보다는 "1/2만 먹자." "1/4은 엄마가 먹을 테니 나머지를 너희가 똑같이 1/2로 나누어 보렴." 등의 말로도 아이에게 분수의 개념을 심어줄 수 있습니다. 생각의 차이가 아이를 크게 합니다. 작고 사소한 것에서 아이는 많은 것을 배웁니다.

양과 길이 알기

❶ 밀가루 반죽을 하여 아이와 반씩 나누어 갖는다.

　예 "엄마랑 ○○랑 똑같이 1/2씩 나누어 갖자. 어때 똑같지."

❷ 누가 누가 긴 뱀을 만들까?

❸ 만든 뱀을 서로 가까이 놓고 길이를 비교해 본다. 길이를 이해했다면 두께를 비교해 본다.

MOM point >> 간단한 반죽 놀이만으로 길이, 두께, 부피 등을 배울 수 있습니다. 다양한 모양의 도형을 만들어 보며 '누가 진짜 사각형(삼각형)일까?' 라는 놀이도 아이들이 좋아합니다.

⑤ 1학년 영어 무엇을 배울까요?

의사소통 능력이 중요하다

현 교육과정에는 영어가 1학년 정규 과목으로 포함되어 있지 않습니다. 하지만 많은 학교가 재량 활동 수업을 통해 1·2학년부터 수업을 진행하고 있으며, 앞으로는 학교장 재량에 따라 1·2학년부터 교과목으로 수업을 진행할 것이라고 합니다.

초등영어의 학습 내용을 살펴보면 일상생활에 필요한 영어를 배우고, 기본적인 의사소통 능력을 기르는데 중점을 두고 있습니다.

읽기와 쓰기의 수업은 고학년이 되어서 본격적으로 시작되므로 저학년에서는 그다지 강조하지 않고 있습니다. 고학년 수업도 거의 게임과 노래, 회화 중심으로 수업이 이루어지며, 그 방법 또한 다양하여 아이들이 좋아하는 과목 중 하나입니다.

하지만 학교 현장에서 본 학교 영어는 영어와 가까워지는 것에 중점을 두고 있는 공교육의 목표 때문에 학년이 올라갈수록 잘하는 아이와 못하는 아이의 격차가 더욱 심해진다는 문제를 가지고 있습니다. 즉, 학교에서 놀이를 통해 배운 것을 내 것으로 만들기 위해서는 집에서 예습과 복습을 철저히 해야 한다는 뜻입니다.

교사가 학교 수업을 진행하면서 가장 힘들어 하는 과목 중 하나가 영어입니다. 그 이유는 아이들의 개인차가 너무 크고, 이에 따라 평균을 잡아 수업하기가 곤란하기 때문입니다. 그럼에도 아이들이 가장 좋아하는 과목으로 영어를 꼽는 이유는 많은 수업 자료와 게임 위주의 수업 방식 때문이라고 생각합니다.

초등학교에서는 4학년 말에 영어 쓰기가 시작되고, 5학년에 쓰기에 대한 영역이 평가에 반영되는 비율이 커지게 됩니다. 때문에 저학년에서는 듣기와 말하기에 집중해야 합니다.

언제 가르쳐야 할까

언어교육은 적기 교육이 가장 중요하므로 각 시기에 맞는 적절한 자극이 주어져야 그것이 자연스럽게 쌓여 언어체계가 성립됩니다. 영어 교육의 적기에 대한 견해는 다양하지만 대체적으로 언어학자들은 5세 이전부터 저학년까지를, 교육학자들은 초등학교 저학년부터 영어 교육의 적기라고 말합니다.

언어체계가 민감해지는 것은 언어학자들의 말처럼 3~5세입니다. 무슨 뜻인지도 모르고 따라하다 보면, 발음이나 문장 구조 등을 모국어처럼 자연스럽게 체계화할 수 있습니다.

그러나 조기 영어 교육에 대해 교육학자들이 우려하는 이유도 바로 여기에 있습니다. 언어는 그저 소통을 위한 수단이 아니라 사고의 체계를 형성하는 것입니다. 언어를 배우면서 그 언어로 사고의 확장을 이룰 수 있기 때문에 유아·유치 단계에서 모국어의 습득은 그 교육의 질과 양의 중요성을 아무리 강조해도 모자라지 않습니다.

즉, 모국어로 그 뜻을 모르거나, 그 단어로 사고를 이어나가지 못하면 영어 단어나 문장을 아무리 채워도 언어체계로 정착되지 못한다는 뜻입니다.

그래서 모국어를 기반으로 한 영어 교육을 지지합니다. 한 가지 주제에 대해 모국어로 이야기를 나누고, 여러 가지 활동을 통해 사고를 확장시킨 후 그에 따른 영어 표현과 단어를 배워 사고화 할 수 있는 언어체계를 만들어야 합니다.

How does it feel?
It feels hard.
What is this?
Green
Knock, knock!
Find my dad!
My dad is tall.
He is wearing pants.
Green pants.
Who is he?

6 몸으로 말하는 영어

영어 교육을 위한 계획표를 세워라

부모님이 조금만 부지런하면 다양하고 많은 영어 교육법을 쉽게 찾을 수 있습니다. 그러나 너무 많은 방법과 과다한 교육열로 엄두를 못 내거나, 사설 교육 기관에 그냥 맡겨 버리는 부모님들이 많습니다. 많은 노하우와 영어 교육 전문가들의 조언에도 불구하고 영어 교육을 부모님들이 어려워하는 이유가 영어공포증에 있다고 생각합니다.

그래서 공부가 아니라 아이와 같이 놀라고 제안합니다. 딸아이를 가르쳐 본 결과 즐기는 것이 얼마나 큰 폭발력을 가지고 있는지 새삼 놀랐습니다. 또 스스로 하게 만드는 마술 같은 힘도 가지고 있습니다.

교육기관으로 아이를 보내기 전 꼭 부모님이 해야 할 것은 아이가 지식을 탐구하는 즐거움을 알게 해주는 것입니다. 배우고 익히는 과정에서 자기의 사고 주머니가 커나가는 것이 얼마나 큰 기쁨인지 몸으로 배운 아이는 어디에서든 그 집단을 주도하게 됩니다.

또 한 가지 더 중요한 것은 다른 아이와 비교하지 말라는 것입니다. 아마도 초

등학교나 유치원에서 가장 차이가 많이 나는 과목이 영어일 것입니다. 영어가 홍수처럼 넘치는 이 사회에서 거짓말처럼 영어 단어 하나 모르고 초등학교에 입학하는 아이도 있습니다. 멀리 보았을 때 그 아이가 다른 아이보다 영어를 못하느냐 그것은 아무도 모를 일입니다.

다른 과목과 마찬가지로, 아니 좀 더 심하게 영어는 재능을 가진 아이들이 앞서 나갑니다. 그래서 가끔은 예체능 과목과 비슷하다는 생각도 하게 됩니다.

다른 아이와 비교하지 않고 내 아이만을 위한 영어 교육을 하기 위해 부모님이 가장 먼저 해야 할 것은 장기적인 영어 교육 계획표를 세우는 것입니다. 그리고 부모님이 교육 주체가 되어 차근차근 지켜나가야 합니다.

아래 표는 지극히 개인적인 딸아이의 계획표이고 실행표입니다. 각 항목마다 너무도 다양한 활동들이 많아 다 쓰지 못했습니다. 또 그때마다 주제에 맞추어 하는 활동들이기에 일관성이 있지도 않습니다.

딸아이와 즐겁게 놀 수 있는 방법들을 5살 때 많이 하였고, 6살 때는 아이 혼자 할 수 있는 활동들로 하였습니다. 많이 듣고 따라하는 활동, 자기의 목소리를 녹음해 보는 활동, 문장의 내용을 그림으로 표현해 보는 활동들도 수시로 하였습니다.

유아·유치기의 가장 훌륭한 교육 주체는 부모입니다. 엄마와 상호작용을 통한 놀이로 다져진 모국어의 확장은 어휘의 확장, 사고의 확장을 가져오고 당연히 영어를 배우는 단단한 뿌리가 될 수 있습니다.

시기	교육 방법
3세 이전	★ 노래나 율동, 손유희를 통한 음성적 인식 단계 ★ 아이가 좋아하는 주제(동물, 음식, 사람)로 접근하기
4세	★ 회화를 위주로 하는 책과 컨텐츠 활용 ★ 놀아주며 그림 등으로 표현하는 방법을 배움 ★ 카드 놀이를 통한 단어 익힘 놀이 시작 ★ 애니메이션을 이용한 영어 친밀도 높이기
5세	★ 간단한 생활회화 사용 ★ 흥미로워하는 애니메이션 등의 활용 ★ sight word, phonics 등을 통해 읽기에 접근 ★ 카드 놀이를 통해 단어 익히기 ★ 좋아하는 책을 반복적으로 읽어 주어 읽기를 완성시킴
6세	★ 혼자 읽기 연습 ★ 애니메이션의 장면을 캡처하여 그 상황에 맞는 상황극 하기 ★ 간단하게 연극 만들어 공연하기 ★ 간단한 그림을 보고 영어로 표현하기
7세	★ 오늘 있었던 일을 영어로 표현하기 ★ 영어로 말할 수 있는 상대 찾아주기(전화 영어 등의 활용) ★ 알파벳, 단어 쓰기 연습
8세	★ 영어로 일기쓰기 ★ 영어책을 보고 따라 쓰기(그림으로 표현해 보기)

노래와 손유희로 시작하자

딸아이는 우리말의 전달능력과 이해능력이 어느 정도 자리잡는 3살을 전후로 하여 영어를 시작했습니다. 그 전에는 영어 노래를 흘려듣기만 하는 정도였습니다.

지금은 둘째 아이가 다시 누나가 하던 손유희와 노래를 하고 있습니다. 누나와 함께 하는 둘째는 누나가 익히던 속도보다 빠르고, 쉽게 익혀 가끔 엄마를 깜짝 놀라게 하곤 합니다. 그야말로 스며드는 교육이라고 할까요. 어느 순간 형광등을 보고 "twinkle, twinkle." 하는 아이를 보며, 인간의 사고 능력에 대해 새삼 다시 생각하게 됩니다.

3세 이후 첫걸음은 노래와 동화책으로 영어를 배우는 것이 좋습니다. 아주 많은 책이 나와 있고, 또 좋은 책도 많습니다. 그러나 가격이 비싸다는 아주 큰 단점 때문에 저는 도서관을 주로 이용하여 필요한 책을 빌리곤 합니다. 그러나 아이들이 좋아하는 책은 꼭 구입하려 노력합니다. 이런 책은 구석의 작은 삽화 하나까지도 아이들에게 도움이 되기 때문입니다.

마더구스, 노부영, 배오영 등 노래가 나오는 책이라면 어느 것이든 좋습니다. 노래로 아이와 함께 율동이나 손유희를 만들거나 게임을 하다보면 많은 문장과 단어를 쉽고 재밌게 접할 수 있기 때문입니다.

영어를 가르치면서 아이들에게 첫 말을 배우게 했던 때를 떠올리려 많이 애씁니다. 아이의 연령이 우리말을 배울 때 보다 아주 약간 높아졌다는 이유로 무리한 방법을 쓰고 있거나 암기를 강요하고 있지 않나 반성하기 위해서입니다. 정말 거짓말 처럼 억지로 외운 노래나 단어는 아이 속에 살아 있는 시간이 짧습니다.

학습에서 부모의 재촉과 간섭은 오히려 역효과를 낳습니다. 적어도 초등교육에서는 그렇습니다. 초등교육은 공부를 하는 방법을 배우고, 그 재미를 느껴 스스로 길을 만들어 갈 수 있게 땅을 다지는 과정입니다.

아이는 노래를 율동과 손유희로 만들며 문장의 뜻을 스스로 새기고, 엄마와 함께 하는 즐거운 시간을 통해 마음의 안정도 얻을 수 있습니다. 또 스스로 무언가를 만들었다는 성취감에 자신이 자랑스러워지는 자존감도 얻을 수 있습니다. 정말 쉬운 방법으로 많은 것을 얻을 수 있는 활동이라고 저는 자부합니다.

딸아이는 영어 동요든 우리 동요든 들으면 일단 율동을 만듭니다. 그리고 제게 시연을 합니다. 칭찬하는 말은 "와, 그 율동은 새로운 거네." "그 단어에 딱 어울리는 율동이다." "표현하기 어려운 단어인데 생각을 열심히 한 게 느껴진다." 정도의 말로 율동을 만든 과정에 대한 것, 새로운 것에 대한 도전을 칭찬하는 말, 노력을 인정해 주는 말 등을 하려고 애씁니다.

가사를 거의 다 익히게 되면 다음 단계는 문장의 핵심 패턴은 두고, 단어를 바꾸어 가며 노래를 부릅니다. 노래로만 끝나는 영어 놀이가 아니라 언어로 만드는 과정을 거쳐야 하기 때문입니다.

예를 들면, 〈Hickory dickory dock〉이라는 노래에서

Hickory dickory dock The mouse ran up the clock The clock struck one
The mouse ran down Hickory dickory dock

mouse를 대신할 온갖 동물들을 다 갖다 대어 보기도 합니다. 딸아이가 가장 좋아하는 것은 돼지가 올라갈 때입니다. 또 ran up, ran down 대신에 walk, jump 등의 단어를 넣어서 부르기도 합니다.

어느 정도 수준이 되면 제가 주도하지 않아도 아이가 알아서 노래를 바꾸어 오기도 합니다. 바꾸어 온 노래에서 틀린 부분을 고쳐주고 싶어 입이 근질거릴 때도 많지만 꾹 참으려 노력합니다. 그러다보면 어느 날 자연스럽게 고쳐서 부르는 아이를 발견하게 됩니다.

영어동요 CD를 고를 때는 비트가 강하지 않고, 너무 빠르지 않아야 합니다. 그 이유는 단순한 연주가 화려한 연주보다 오히려 영어 가사에 집중할 수 있게 하기 때문입니다. 저는 한 가지 악기로 반주되어 있는 노래를 좋아하는데 특히 잠들기 전에 듣는 음악은 화려하지 않게 녹음된 노래가 훨씬 더 효과적이었습니다.

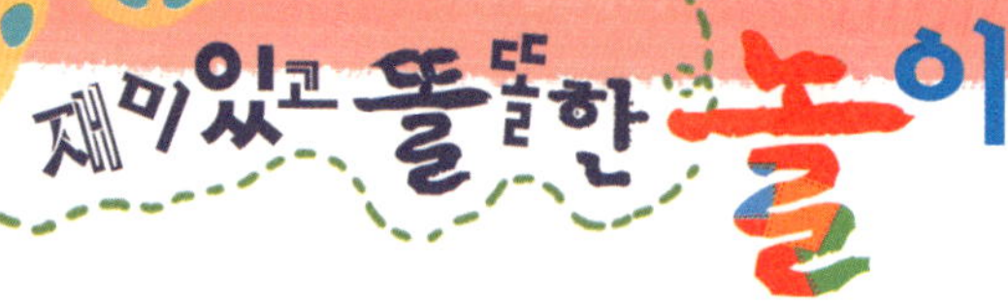

율동, 손유희 만들기

❶ Rain, rain, go away!(비야, 비야. 멈춰라!)를 율동으로 표현해 본다.

Rain, rain, go away.	비야, 비야. 멈춰라!
Come again some other day.	다른 날에 다시 오렴.
Little Johnny wants to play.	꼬마 쟈니가 놀고 싶어 한단다.
Rain, rain, go away.	비야, 비야. 멈춰라!

❷ Little Johnny 대신에 Little ○○로 아이 이름을 바꾸어 부르거나, rain 대신 storm, wind, snow 등으로 가사를 바꾸어 가며 율동도 바꾸어 본다.

MOM point >> 동요 속에 아이의 이름이나 친구의 이름을 넣어 부르면 내 노래가 되어 아이는 더욱 재미있는 활동을 하게 됩니다. 바람 소리나 빗방울 소리 같은 의성어나 의태어도 함께 이야기하며 자연스럽게 익히게 됩니다.

스피드 퀴즈

❶ 동물이나 사물을 몸짓이나 의성어 등을 이용하여 표현한다.

　예 생쥐, 닭, 돼지, 뱀, 염소, 말, 벌, 토끼, 곰 등

❷ 아이는 영어로 이름을 맞춘다.

❸ 입장을 바꾸어 아이가 문제를 내고,
　엄마가 문제를 맞춘다.

> **MOM point** >> 몸짓이나 소리를 이용해 단어를 표현하고 맞추는 게임입니다. 게임을 하며 단어의 뜻을 자연스럽게 익힐 수 있으며, 표현 능력도 키우게 됩니다.

What's this? 놀이

❶ 손가락으로 주변의 물건을 가리키며 노래한다.

　(What's this? What's this? What's this? What? What?)

❷ 상대방이 대답한다.

　(It's a cup. It's a cup. It's a cup. Cup. Cup.)

> **MOM point** >> 복수형태로 만들어 복수 표현을 익히고 발전시킬 수 있습니다.

내 아이에게 맞는 교재를 찾자

도서관이 가까이에 있어 자주 들러 아이들이 좋아할 만한 형태의 책을 찾고, 매일 5분, 10분씩 그 책을 이용해 아이와 놀았습니다. 너무나 많은 방법들이 사이트와 책에 소개되어 있지만, 제가 선택한 방법은 저도 아이도 지치지 않고, 언제나 많은 준비없이 할 수 있는 방법으로 교재를 활용하였습니다.

엄마표 영어라는 바다에 겁없이 뛰어들어 몇 번의 시행착오를 거치면서 깨달은 것은 유명한 교재 보다는 내 아이의 수준에 맞고, 아이가 재미있어 하는 교재를 찾아 아이가 좋아하는 활동들로 채우는 것이 훨씬 큰 효과를 얻을 수 있다는 것이었습니다.

그리고 아이가 좋아하기 위해서는 엄마의 준비 시간이 길어서는 안 된다는 것도 깨달았습니다. 제가 정성껏 준비한 자료에 아이가 반응이 없을 때 방법을 과감히 바꾸지 못하고 아이에게 강요하는 저를 보았기 때문입니다. 또 이런 경우 제가 먼저 시들해지고 지쳐버리는 것을 알았습니다.

아이는 너무나 민감하게 그런 제 모습을 느끼고, 위축되어 흥미를 잃어버렸습니다. 그래서 저는 특별한 준비물 없이 짧은 시간에 마무리 할 수 있고, 반복하기 쉬운 활동들을 많이 하였습니다.

이런 수업 과정을 다음 세 가지를 배웠습니다. 첫째, '기대치를 높게 갖지 말자.'입니다. 기대심리가 커지면 재미있는 놀이가 될 수 없습니다. 아이는 아이대로 스트레스가 커져 오히려 움츠러드는 경우가 있었습니다.

둘째, '아이의 말을 많이 들어주자.' 입니다. 많이 표현하고, 틀려도 스스로 해 보는 과정에서 아이는 제가 가르쳐 줄 수 있는 것보다 더 많은 것을 스스로 배웠습니다.

이것이 아이를 영어유치원에 섣불리 보내지 않는 이유이기도 합니다. 아이가 표현하고 싶은 것들이 영어라는 장벽에 막혀 사고의 폭이 좁아지지 않기를 바라며 또한 우리말로 충분히 표현했을 때 영어도 제대로 자리를 잡을 수 있다고 생각하기 때문입니다.

마지막으로 '완성시키고 넘어가려하지 말자.' 입니다. 완벽히 소화해서 다음으로 넘어가는 것은 아이에게도 저에게도 힘들었습니다. 또 계속 한 자리에서 맴도니 흥미도 떨어졌습니다. 즉, 다음 시간이 기다려지지 않았습니다. 그래서 과감히 어려운 부분이나 재미없는 텍스트는 최소한에 과정만 하고 빠르게 지나갔습니다.

그 결과 천천히 완성도를 높이며 수업을 진행할 때보다 빠르게 진행한 후 교재를 다시 반복해서 배우는 것이 훨씬 더 효과가 컸습니다. 교재를 두 번째 진행할 때는 아이도 저도 거의 전문가가 되어 있었고, 아이의 자존감 형성에도 훨씬 나은 방법이라고 생각합니다.

교재 선택 방법

① 짧지만 이야기가 있는 것

② 한 권에 많지 않은 구문과 단어가 있는 것

③ 노래가 있는 교재 또는 노래로 만들 수 있는 교재

④ 반전이 있거나 유머러스해서 아이들이 재미있어 하는 것

⑤ 아이가 관심있어 하는 내용

⑥ 아이에게 쉬운 내용

수업 진행 방법

① 책을 보고 어떤 내용인지 마음껏 상상하며 이야기 짓기(간혹 책을 낱장으로 복사해 순서를 마음대로 섞어 이야기를 만들어 보는 활동)

② 'What's this?' 노래로 책에 있는 사물들 이름을 묻고 답하는 놀이

③ 책을 보며 연극하듯이 읽기, 유치원 선생님이 되어 읽기, 우리말로 이야기를 만들어 가며 읽기, 영어로 내용 파악 후 선생님이 되어 엄마 아빠에게 우리말로 설명하기, 숙달되면 영어로 발표하기

④ 독후활동으로는 책 소개장 만들기, 마인드맵 그리기(그림을 그려가며 영어, 한글을 섞어 책 내용 이야기 하기), 엄마와 연극하기, 책 내용에 맞는 활동(요리 또는 미술 활동)하기, 포스트잇에 쓰여진 문장과 같은 문장 찾아 붙여 놓기, 포스트잇으로 이야기 이어 나가기, 순서 맞추기 등

⑤ 혼자 읽기가 가능한 아이의 활동(따라 쓰기, 배웠던 책의 그림을 보고 영어로 설명 쓰기)

많이 들어야 혼자 읽기도 가능하다

진행하는 교재 이외에도 여러 종류의 책들을 5살 정도부터 계속 접하도록 하였습니다. 도서관도 이용했고, 또 책도 많이 샀습니다. 어느 정도 아이의 독서 취향이 파악이 되는 나이였기에 아이가 좋아할 만한 스토리북을 많이 읽어주고 놀았습니다.

매력적인 주인공이 있는 책, 시리즈가 있는 책, 반전이나 유머가 있는 책, 생활 동화를 옮겨 놓은 책 그리고 무엇보다 아이가 쉽게 읽을 수 있는 책을 많이 마련했습니다.

딸아이는 마음에 드는 책을 읽고 또 읽는 버릇이 있습니다. 그래서 아이가 원할 때는 같은 책을 하루에도 수십 번씩 읽어주었습니다. 그렇게 책을 반복해서 읽으니 그 책의 내용을 거의 외우게 되었고, 그런 책이 많아지니 어느 순간 대부분의 sight word를 다 읽을 수 있게 되었습니다.

읽기는 혼자 읽는 책과 읽어주는 책을 다르게 진행하였습니다. 혼자 읽기는 아이가 잘 알고 있는 내용으로 쉽게 읽을 수 있는 수준을 선택하였고, 읽어주는 책은 그보다 조금 더 높은 수준의 책을 선택했습니다.

책을 읽을 수 있게 되었을 때 알파벳과 그 소리에 대해 알려주고 책을 읽어주며 가끔씩 아는 단어를 찾게 했습니다. 이때부터 혼자 읽을 수 있는 책에는 스티커를 붙여 놓고, 단어 찾기나 문장 읽어 보기를 진행하였습니다. 본격적으로 공부한지 6개월 정도가 지나자 한 페이지에 한 줄 정도의 책은 읽을 수 있게 되었습니다.

요즘 유행하는 파닉스는 너무 공부 같았는지 딸아이는 거부감을 나타냈습니다. 그래서 알파벳을 익혀가며 소리나는 대로 부르는 알파벳 노래로 파닉스를 후다닥 끝내고 한글을 뗄 때와 마찬가지로 단어 카드 놀이로 영어 읽기에 성공했습니다.

처음에는 sight word, 다음에는 교재에 나오는 단어 그리고 딸아이가 배우고 싶은 단어들을 카드로 만들어 카드 포켓에 꽂아 두고 읽을 수 있는 단어(명사, 동사, 형용사)들은 저에게서 아이가 가져갈 수 있는 일명 카드 따먹기 놀이를 진행했습니다. 물론 그때 진행했던 단어들을 지금까지 다 기억하고 있지는 않습니다.

딸아이가 6살이 되면서 그림 영영사전을 이용하기 시작했습니다. 여자 아이라 많은 영영사전 중에서도 그림이 예쁘고, 색감이 좋은 사전으로 하루에 한 장 또는 두 장씩 보아가며 이야기를 나누고, 단어들을 읽었습니다. 외우려 시도하기 보다는 따라하는 수준으로 진행하고, 또 그림에 대해 많이 이야기를 나누어 아이가 가장 좋아하는 책에 사전이 들어가도록 유도했습니다. 이 활동은 1년이 지나가는 지금도 계속되고 있으며 거듭될수록 아이 혼자 넘겨보는 일도 잦아졌습니다.

아이들은 연령에 따라 좋아하는 것이 많이 바뀝니다. 그때그때 아이가 좋아할 만한 책을 찾고, 또 접하게 하는 것이 읽기에 대한 흥미를 떨어뜨리지 않고 지속해 나갈 수 있는 아주 중요한 방법입니다.

'아이가 좋아하는 것에 민감할 것' 어렵지만 가장 효과적인 방법입니다. 새로 나온 책 뿐 아니라 어렸을 때 읽던 책들도 어느 순간 다시 아이에게 흥미를 줄 수 있습니다. 때때로 오히려 더 흥미를 주는 경우도 발견합니다.

발바닥 카드 놀이

❶ 종이에 아이 양쪽 발바닥을 그려 여러 장을 오려둔다. 오린 발바닥에 책에서 나오 거나 아이가 관심있어 하는 익숙해진 단어를 5~6개 정도 적는다.

❷ 발바닥을 바닥에 고르게 펼쳐 붙인다. 이때 같은 단어들이 고루 섞일 수 있도록 하 여야 한다.

❸ 엄마가 단어를 외치고, 아이가 단어를 찾을 수 있도록 찾는 시늉을 한다. 아이 혼 자 찾는 것보다 경쟁심과 집중력이 생겨 더욱 빠르고 재미있게 활동할 수 있다.

MOM point >> 아이와 엄마가 기차가 되 어 같은 단어를 따라가며 달리는 것도 재미있 게 단어를 익힐 수 있는 놀이입니다.

말할 수 있는 기회를 자주 만들어라

우리나라는 영어에 대한 교육열이 높고, 교육 방법과 교육 자료가 세계 어느 나라에도 뒤지지 않는다고 생각합니다. 그러나 오랜 시간 영어 공부를 하는 것에 비해 회화 실력이 턱없이 부족합니다. 그 이유가 배운 것을 쓸 기회가 많지 않기 때문입니다.

아이가 어떤 것을 배우고, 또 그것을 쓸 수 있는 장소와 상황을 수시로 만들어 줄 수 있다는 점이 엄마표 영어의 가장 큰 강점입니다.

영어를 어느 정도 익히면 영어로 된 질문을 많이 합니다. 어려운 질문이 아니라 아주 기본적이고 간단한 질문을 통해 배운 것을 표현할 수 있는 기회를 만들기 위해서 입니다. 영어로 표현할 때 생각나지 않는 단어나 문장을 우리말을 섞어서 표현하도록 하고, 단어 보다는 문장의 패턴에 신경을 썼습니다.

앞에서도 말했던 것처럼 엄마의 머릿속에는 다분히 의도적인 교육 활동이지만 아이에게는 그저 즐거운 놀이여야 하고, 다분히 즉흥적인 놀이처럼 보이는 것이 좋습니다. 즉, TV를 보다가 "과자 먹을까?" 하는 듯한 의도로 툭툭 게임이나 질문을 던지고 받으면서 공부가 아닌 일상 생활로 인식시키는 것입니다.

아이는 몇 가지 패턴을 익히자 영어 표현력이 폭발적으로 늘어났습니다. 물론 지금까지도 너무 당당하게 "Give me a 도시락, please."라고 말하지만, 처음부터 완벽한 문장을 요구하거나 고쳐주지 않는 것이 아이를 더 발전시킬 수 있으며, 자신 있게 말을 시작할 수 있게 합니다.

인형놀이

❶ 아이가 좋아하는 동요나 동화책을 선택한다. 처음에는 등장인물과 스토리가 단순한 것을 고른다.

❷ 아이와 함께 등장인물을 그린 후 오려 손가락에 끼울 수 있도록 색종이로 링을 만든다.

❸ 각자의 역할을 정한 후 인형극처럼 인물 성격에 맞는 목소리로 이야기한다.

> **MOM point >>** 아이에게 익숙한 노래와 이야기이기 때문에 자연스럽고, 재미있게 말하기를 시작할 수 있습니다. 처음에는 반복적이고 단순한 문장의 내용을 선택하고, 점차 익숙해지면 단계를 조금씩 높여 줍니다.

같은 문장(단어)을 찾아라!

❶ 동화책을 읽은 후 중요 문장(단어)을 포스트잇에 적는다.

❷ 아이와 제한시간을 정한 후 적혀 있는 문장(단어)을 찾게 한다.

❸ 아이는 문장을 찾은 후 포스트잇을 그 문장(단어) 위에 붙인다.

> **MOM point >>** 아이는 문장을 찾기 위해 전체적인 내용을 하나씩 머릿속에 정리하는 시간을 가질 수 있으며, 문장 또는 단어에 익숙해지게 됩니다.

요로운
마음을
4장
키우자

① 독서-무엇을 어떻게 읽을 것인가

　　　　　　　　　　책을 읽고 이해, 분석, 기억, 재창조하는 능력은 모든 교과의 기본입니다. 책을 읽는다는 것. 즉, 독서에서 얻어지는 것에 대해 저는 금융에서 말하는 '복리의 마법'을 떠올리게 됩니다. 하루아침에 이루어지는 것이 아니며, 더해지면 더해질수록 그 효과는 상상을 초월하게 됩니다.

　어릴 때부터 조금씩 끊임없이 쌓아온 독서의 기술과 습관은 아이의 미래를 결정하는 가장 크고 중요한 역할을 하게 될 것입니다.

양보다는 질이 중요하다

　　　　　　　　　　독서의 중요성에 대해서는 많은 분들이 알고 있고, 또 준비합니다. 하지만 그 중요성이 지나치게 부각되어 요즘은 걱정스러운 방향으로 흐르는 경우도 종종 보게 됩니다.

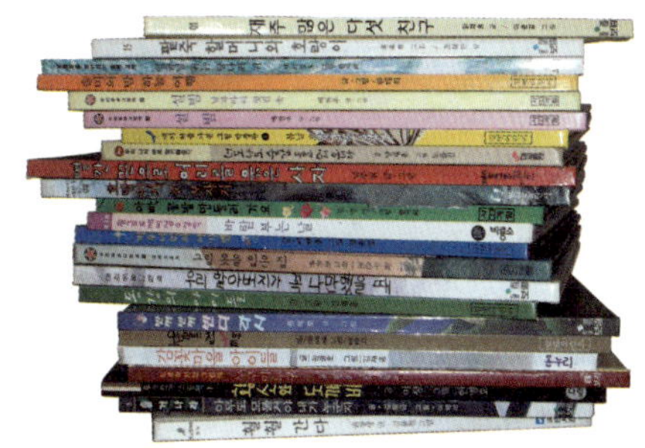

많은 분들이 비디오증후군에 대해 걱정하는 것처럼 책도 그러한 부작용을 낳습니다. 너무 어린 나이에 책에 지나치게 몰입하게 되면 사람과 사람이 나누어야 할 관계를 경험하지 못하게 되고, 그것은 곧 결핍으로 이어집니다. 심한 경우 자폐에까지 이르기도 하고, 더러는 책에서 멀어지는 일도 생깁니다.

아이에게 양육자란 참으로 대단한 존재라서 어른들이 생각하는 것보다 부모의 욕구에 아이들은 민감하게 반응합니다. 아이를 크게 하려고 내민 책이 아이를 망가뜨릴 수도 있다는 뜻입니다. 독서에 대한 잘못된 관심이 질적 독서가 아닌 양적 독서를 부추겨 생긴 일입니다.

학교 현장에서도 독서에 대한 교육이 많이 강조되고 있으며, 빠르면 1학년 중반부터 독서기록장을 쓰게 됩니다. 학년에 따라 또 학교, 교사에 따라 그 양식이나 시기는 차이가 있겠지만 거의 모든 반에서 이루어지고 있습니다.

물론 상도 있고, 반에는 한눈에 알아볼 수 있도록 만들어진 차트도 대부분 있을 것입니다. 학부모가 되어 교실을 둘러보다 이런 차트를 발견하게 된다면 무시하려 노력해야 합니다.

　교사의 입장에서 먼저 말씀드리면 한눈에 알아볼 수 있는 챠트는 활동에 대한 시각적 효과를 통해 그 활동에 대한 보상과 독려를 한꺼번에 할 수 있는 좋은 방법입니다. 그리고 특히 저학년일수록 그 효과가 높습니다. 또 교사가 많은 아이들의 독서 현황을 파악하고 관리할 수 있다는 아주 효과적인 장치이며 아이들에게 주는 당근과 같은 것입니다.

　그러나 학교를 보낼 학부모의 입장에서 말씀드리면 그것이 독서 능력에 대한 판단 기준이 되어서는 절대로 안 된다는 것입니다. 또 그 결과에 부모가 예민해져서도 안 됩니다. 과한 칭찬도 꾸중도 하지 않고, 내 아이의 독서의 질만 예민하게 살펴야 합니다.

　짧은 시간에 많이 읽는다고 절대로 좋은 것이 아닙니다. 오히려 독서라는 활동을 통해 배울 수 있는 많은 것들을 얻지 못하게 하는 일이기도 합니다. 그래서 학교에서 하는 독서활동 중 양에 대한 부분, 그 양으로 주는 상에 대해서는 부모님들께서 대범해졌으면 합니다. 단 한 권을 읽더라도 깊이 생각하고, 그 참맛을 느끼는 것이 진정한 독서입니다.

혼자 읽기 VS 읽어주기

읽기의 독립이 글자를 인식하는 것이라고 생각하는 분들이 있습니다. 하지만 저는 혼자 글을 읽은 후 머리에 그 이미지가 각인되고, 그 내용을 다른 사람에게 자신의 언어로 전달할 수 있을 정도의 수준이 읽기의 독립이라고 생각합니다. 그러려면 적어도 12~13세가 되어야 읽기 독립이 가능한 것입니다.

유아기 때는 책을 좋아했는데, 학교에 들어간 후 책 읽기에 흥미를 잃어 버렸다며 고민을 상담하는 부모님들이 있습니다. 그럴 때 저는 부모님들께 책을 읽어주는지 아니면 혼자 읽는지 물어 봅니다. 그러면 대부분의 부모님께서는 자랑스럽게 몇 살 때 아이가 한글을 떼어, 몇 살 때부터 혼자 읽었다고 얘기합니다. 저도 그랬습니다. 아이가 생각보다 한글을 쉽게 익혀 뿌듯한 마음, 자랑하고픈 마음에 한동안 책을 혼자 읽게 하였더니 금방 부작용이 나타났습니다.

글자를 읽을 줄 아는 것과 글을 읽는 것과는 차이가 있습니다. 글자를 읽는 것에 신경쓰다 보면 멋진 그림을 감상할 시간도, 그 그림을 머리에 그릴 시간도 없어집니다. 엄마 아빠가 읽어주는 책을 눈으로 따라 읽을 때는 책의 멋진 그림들이 눈 속에서, 머릿속에서, 가슴 속에서 춤을 추며 이야기를 만들어냈습니다. 그러나 아직 미숙한 글 읽기로 책을 읽다 보면 읽는 행위에 집중하여 그 멋진 마법들이 사라져 버립니다.

또 소리내어 읽다 보니 자상한 엄마가 틀린 글자와 발음을 꼭꼭 짚어 주고, 읽는 소리가 작아지면 "엄마는 큰소리로 읽는게 좋더라." 하고 응원해 줍니다. 그림을 잠시 살펴보려 하면 "글 읽는 소리가 왜 안 들리지?" 하는 엄마의 독촉이 날아옵니다. 좋은 의도의 칭찬과 독려가 꼭 부모님의 의도대로 효과를 내지는 않나 봅니다.

소리내어 읽기는 아주 중요한 학습입니다. 하지만 그것이 좋은 독서는 아닙니다. 또 혼자 읽기는 아이에게 그 시기에 맞는 책을 읽지 못하게 할 수도 있습니다. 음성 언어 능력은 이맘 때 아이들의 문자 언어 습득 능력보다 훨씬 발달해 있습니다. 다시 말해 아이가 이해하고, 재미있어하는 구성의 책을 읽지 못하고 얼른 쉽게 읽을 수 있는 쉬운 책들만 찾아 읽게 되는 것입니다.

그 동안 쌓아온 독서 능력이 있으니 짧고 쉬운 책이 재밌을리 없고, 그 시간들이 쌓여 독서 자체의 재미와 흥미를 잃어버리게 되는 것입니다.

6살인 딸아이의 경우 읽어주는 책은 5분 정도 되는 제법 긴 내용입니다. 듣는 내내 집중해서 듣고 재미있어 합니다. 간혹 혼자서 글밥 많은 책을 뒤적거리며 보고 있을 때도 있습니다. 3살 무렵 한글을 알기 시작해서 4살 무렵에는 혼자 책을 읽기 시작했지만, 아직도 혼자 읽으라면 짧은 책을 멋쩍은 듯 가지고 옵니다.

너무 빠른 읽기 독립이 책에서 아이를 멀어지게 할 수도 있다는 것을 잊지 말아야 합니다.

수다도 독후활동이다

유아기에 독서는 양육자와 아이 사이의 애착관계 형성에 중요한 역할을 한다고 합니다. 엄마의 무릎에서 읽는 책은 그 내용을 막론하고 전해져 오는 체온과 소리만으로도 아이에게 정서적 안정을 가져다 줍니다. 그러한 독서의 효과는 초등학교에 들어와서 더욱더 강조되어야 한다고 생각합니다.

가장 좋아하는 독후활동은 수다입니다. 같은 책을 읽은 사람끼리의 공감대 형성은 참 기분 좋은 것입니다. 책을 읽고 아이와 깔깔대며 주인공을 흉내내거나 때로는 흉도 보며, 아이와 의견을 나누는 행위가 마냥 즐겁고 서로를 더욱 가깝게 합니다.

그 외에도 독후활동은 자신감을 키우는데도 탁월한 효과를 발휘합니다. 자신감을 키우는 가장 좋은 방법 중 하나가 발표입니다. 책을 읽고 선생님이 되어서 엄마에게 설명하기, 읽지 않은 아빠에게 책 줄거리 이야기하기, 내가 주인공이라면 상상해 보기 등을 통해 아이는 다른 사람에게 자신있게 말하는 법을 배웠습니다.

독후활동은 아이의 기질에 맞고, 아이가 좋아하는 것으로 이루어져야 합니다. 그리고 엄마가 무리하지 않고 할 수 있는 즐겁고 다양한 활동이면 충분합니다. 이런 활동 하나하나가 책을 재료삼아 아이를 키우고, 또 독서에 대한 열망을 키울 수 있습니다.

독후활동은 어려운 것이 아닙니다. 그림 그리기, 편지 쓰기, 줄거리를 요약하기, 뒷내용 바꾸기, 다른 책 인물과 교차시키기 등 그 내용이 무궁무진하고 글짓기 능력 향상에도 상당한 도움이 되는 활동입니다. 독서 후 말로 표현했던 수다를 비롯한 다양한 활동들이 입학 후 글짓기나 독후활동에 많은 도움을 줄 것입니다.

하지만 멋진 활동 중에 하나인 독서기록장이 아이의 독서 생활에 발목을 잡는 경우도 있습니다. 많은 장점을 가진 일기쓰기가 부모와 교사의 지나친 통제 때문에 지겨운 숙제 이상이 되지 못하는 것처럼, 독서기록장이 너무 강조되면 독서 자체에 대한 거부감으로 나타납니다.

이런 역효과를 막기 위해서는 글씨가 예쁜지, 틀린 글자가 있는지, 많이 썼는지보다는 아이의 새로운 생각과 표현 방법에 감탄해 주는 부모님의 긍정적인 반응이 아이를 더욱 신나게 할 수 있습니다.

그리고 읽은 책을 모두 독서기록장에 쓰라고 하는 것은 아이에게는 독서를 하지 말라고 하는 것과 같은 이야기입니다. 과한 것은 부족한 것보다 못하다 하였습니다. 아이가 독서를 즐길 수 있도록 도와주어야 합니다.

읽혀야 할까? 말아야 할까?

전형적인 인간상, 권선징악으로만 결론나는 단순한 결말, 특정 인물에 대한 잘못된 선입관 등 명작동화와 전래동화를 읽히지 말아야 한다고 주장하는 분들의 의견에 저도 어떤 면에서는 동의합니다.

그래서 아이가 어릴 때보다는 구체적 조작기가 시작되는 7살 이후에 읽히는 것이 좋다고 생각합니다. 7살 아이들은 모험과 시련이 있는 이야기를 재미있어 하는 나이이기 때문에 즐거움과 대리만족에도 좋은 책이 될 수 있습니다.

그리고 읽어야 하는 가장 큰 이유 중 하나는 우리 문화의 기초이기 때문입니다. 외국 드라마나 영화를 보다보면 해석이나 상황만으로는 도저히 이해가 되지 않을 때가 있습니다. 바로 문화적 배경이 필요한 대화들이 이런 경우입니다.

이런 맥락에서 전래동화와 명작동화는 초등학교에 입학하기 전에 미리 읽어야 하는 책들이라고 생각합니다. 요즘은 전래동화나 명작동화를 비틀어 읽기 등의 취지로 원작과는 다르게 각색하여 나온 책도 많습니다. 그러나 저는 원작에 충실한 동화를 읽히는 것이 더 나은 방법이라고 생각합니다. 원작이 위와 같은 이유로 아이에게 적합하지 않다하여 각색된 책을 읽히면 그것 또한 어른의 잣대에서 수정한 창작에 지나지 않기 때문입니다.

전래동화는 우리나라의 옛이야기이고, 명작동화는 엄밀히 말하면 다른 나라의 옛이야기입니다. 그 동화의 대부분이 구전설화에서부터 시작되어 더해진 책들입니다. 앞 시대를 살아온 어른들이 아이들에게 꼭 전하고 싶은 이야기를 전하고, 또 더하여 만들어진 살아가는데 가장 기초적인 지혜와 우리의 문화가 담겨 있는 것입니다.

우리 문화를 배우고, 학교라는 소사회를 경험해야 하는 아이들에게 꼭 필요한 책입니다. 또 그러한 책들을 읽었다는 전제하에 수업이 진행되는 경우가 대부분이라는 것도 말씀드리고 싶습니다.

간혹 경제동화, 자연과학동화, 인성동화, 수학동화에 대해 물어오는 분들이 있습니다. 초등학교에 들어가기 전에 꼭 읽어야 하는 책을 묻는 것입니다. 저는 "아이가 읽어 독이 되는 책은 아니니 좋아한다면 읽히세요."라고 대답합니다. 전제가 '아이가 좋아한다면' 입니다. 하지만 좋아하지 않는 아이에게 입학하기 전 꼭 읽어야 하는 책이라고는 생각하지 않습니다.

이 시기의 아이들에게 책은 가장 큰 즐거움이어야 합니다. 물론 책의 종류나 질에 따라 그 얻음의 질과 양도 달라지겠지만 지식을 제공하는 책에서 즐거움 이상을 얻으려고 하는 것은 부모의 욕심이 아닐까 합니다.

하지만 앞에서도 전제했듯 이야기 책 보다 이런 책에서 더 즐거움을 느끼는 아이들도 분명 있습니다. 그런 아이들에게는 꼭 읽어야 하는 책이 될 수 있습니다.

2 음악-아이를 바르게 키우는 힘

음악이란

공부를 하기 위해서는 정신적인 힘을 아주 많이 소비해야 합니다. 또 학생이란 신분으로 놀거리, 즐길거리가 많지 않은 우리 아이들의 경우 부모님과 학교가 더 나아가 나라에서 정신적 휴식을 취할 수 있는 장을 마련해 주어야 한다고 생각합니다.

음악이 있는 삶은 위안과 위로를 얻고, 좋아하는 것에서 카타르시스를 느낄 수 있게 합니다. 그리고 좀 더 나를 닦고자 하는 마음이 생기게 하는 것이 바로 음악입니다.

또한 창의력이 가장 커다란 경쟁력이 되고 있는 지금 음악이나 미술 만큼 즐겁게 인간의 창의력을 발달시키는 분야도 없다고 생각합니다. 놀거리가 없어 컴퓨터로 파고드는 아이들, 다른 유흥거리로 눈을 돌려 엇나가게 되는 아이들에게 아름다움을 볼 수 있는 눈, 또 그것을 좋아하는 마음을 가지게 하는 것이 음악 교육의 궁극적 목표입니다.

아는 만큼 들리고 느낀다

7살 이후에 악기를 가르쳐야 한다는 것에 저는 '반드시'라고 말씀드리고 싶습니다. 창조적 상상력이 극에 달하는 시기이며, 음악의 수학적 요소들을 이해할 수 있는 시기이기 때문입니다. 음악에서 가장 중요한 것이 적기에 적절한 환경과 교육을 제공하는 것입니다.

음악의 가장 큰 혜택이자 거의 모든 것이라고 해도 좋을 창의력은 무에서 유를 만드는 것이 아닙니다. 좋은 작품을 많이 접하고, 왜 좋은지를 알게 되어 자극을 받고 동기를 얻어 내 안에서 찾아내는 것이 창의력입니다.

우리나라 음악 교육에서 가장 잘못되어 있는 부분이 음악 교육을 받는 아이들에 대한 인식입니다. 우리 아이들은 음악 플레이어입니다. 이 음이 무슨 뜻인지 전혀 생각해 볼 기회도 없고, 또 그것을 생각해야만 하는지도 모른 채 그저 악보를 보고 똑같이 정확하게 연주하는 것이 잘한 것이라고 생각합니다.

음악가의 길, 특히나 연주자의 길을 가려면 당연히 기본이 중요합니다. 기본부터 착실히 닦여지지 않으면 그 위에 탑을 쌓을 수가 없기 때문입니다. 하지만 그 기능적 기본보다 더 기본이 음악의 본질을 아는 것입니다. 인간의 마음에서 출발해야 합니다. 왜 이런 표현을 했을까? 표현을 위해서 어떤 음악적 요소를 쓸 수 있을까? 하는 물음에서 출발하는 것이 음악 교육입니다.

모든 것이 그러하겠지만 음악은 특히 아는 만큼 들립니다. 들린 만큼 느낄 수 있으며, 느낀 만큼 다시 표현할 수 있게 됩니다.

음악가가 되어 보자

음악을 만든다는 것은 정말 멋진 일입니다. 모차르트처럼 세상 사람들의 입이 떡 벌어질 만한 곡을 만들라는 것이 아닙니다. 탬버린이나 책상으로 또는 쿵쾅거림으로도 음악은 만들어집니다. 자기가 무엇인가를 만들어내는 경험은 그 무엇과도 바꿀 수 없는 자존감을 향상시키는 방법입니다. 자신이 의미있는 존재가 되는 시간입니다.

그러나 이런 활동에서 지나친 감상평이나 칭찬은 자제되어야 합니다. "넌 천재 같아." "이렇게 멋진 음악은 처음 들어 봤어." 이런 말은 거짓말입니다. 두루뭉실하고 과장된 거짓말이 들어간 칭찬은 아이에게 독이 됩니다. "곰의 발자국 소리에 어울리는 소리구나." "처음에 들었던 것보다 이 소리가 엄마는 더 좋네." 등 사실에 대한 언급만으로도 아이에게는 큰 힘이 됩니다.

소리를 칭찬하고, 다양해짐을 칭찬하며, 애썼던 시간들의 노력에 대해 칭찬하면서 가르치고자 했던 음악 요소들이 점점 아이의 음악에 표현되어지는 것을 느꼈습니다. 그리고 그 음악을 설명하는 아이의 언어도, 사고도 확장되어 갔습니다.

피아노나 노래를 배운 후에는 꼭 발표하는 기회를 가졌습니다. 가끔은 예쁜 옷을 입고 정말 대회나 발표회장에서 처럼 인사하고, 연주하며 노래를 부르는 과정들을 경험하게 하였습니다. 이런 과정 속에서 아이는 자신의 노력과 행위에 의미를 부여하게 되고, 자신감을 키울 수 있게 됩니다.

우리 가락에 익숙해지자

초등학교 저학년에서는 우리 음악의 중요성이 강조되어 반 이상이 우리 음악으로 이루어져 있습니다. 하지만 아이들이 받아들이는 것은 극과 극으로 경험의 차이에 따라 다르게 나타납니다.

음악을 느끼고 그 속에서 무언가를 찾아내는 것은 내 경험에서 우러나오는 것입니다. 내가 느끼고 활동해 본 리듬에서 아이는 친밀감을 느끼고 재미를 찾게 됩니다.

학교에서는 주제에 맞는 곡을 배우고, 그 곡으로 여러 가지 활동을 하지만 곡에서 무언가를 느낄 수 없다면 그 활동들은 모두 지루하고 힘든 것이 됩니다. 어렸을 때부터 많이 들어야 하는 이유가 여기에 있습니다. 어렸을 때부터 우리 음악을 접할 기회를 많이 갖고, 그 음악이 재미있고 멋진 음악이라는 경험을 공유하는 것이 중요합니다.

우리 전래동요에는 재미있는 놀이들이 많이 숨겨져 있습니다. 그리고 멋진 리듬도 많습니다. 딸아이와 저는 새 음악을 접할 때 일단 몸으로 걸어 보고, 뛰어 보고, 손을 흔들어 보며 그 음악을 몸으로 표현해 봅니다. 그러면 어느새 특유의 리듬감이 몸에 익게 됩니다.

꼭 학교에서 배울 노래로 이런 활동을 하라는 것은 아닙니다. 제가 말하고 싶은 것은 우리 리듬과 곡에 아이들의 귀와 몸이 즐겁게 반응할 수 있도록 익숙해져야 한다는 것입니다.

음악은 경험의 예술입니다. 얼마나 많이 접하고, 얼마나 많이 경험했느냐에 따라 내가 느낄 수 있는 것이 달라집니다. 좋은 음색, 좋은 공연을 많이 본 아이는 좋은 귀를 가질 수밖에 없습니다. 좋은 귀를 가진 아이는 다른 사람이 보지 못하는 것을 보게 되고, 또 느끼게 되며 표현하는 방법 또한 남다른 방법을 씁니다.

예술 교육은 백 마디 말보다 한 번의 추억이 더 많은 것을 느끼게 합니다. 그래서 잊을 수 없는 감동을 주는 공연을 아이에게 많이 보여 주려고 노력해야 합니다. 다행히도 클래식의 대중화로 인해 좋은 공연을 부담스럽지 않은 가격으로 접할 수 있게 되었습니다.

아직은 정석에 맞춘 공연보다 아이들의 눈높이에 맞춘 공연에서 아이들은 더 많은 것을 보고 배울 수 있습니다. 나와 동떨어진 것이 아니라 함께 공감하고 호흡하며 느끼는 것입니다. 특히 바로 앞에서 보고, 들을 수 있는 음악 공연은 더욱 큰 감동으로 다가옵니다.

공연을 보고 말로 표현하는 것은 쉽지 않습니다. 아이에게 일방적으로 느낀 것을 말하라고 하는 것보다는 엄마가 생각했거나 느꼈던 것을 아이와 이야기하며 표현하는 방법을 알려 주어야 합니다. 예전에 오페라를 보고 와서 딸아이와 저는 한동안 오페라처럼 말을 주고받았습니다. 경험을 통해 말로 오페라를 설명하지는 못하지만 극의 핵심을 알게 된 것입니다.

BEAR

악기를 통해 도덕성을 키우자

많은 아이들을 대상으로 실험한 결과 도덕성이 높은 아이가 학업성적이 훨씬 우수하다는 결론을 얻었다고 합니다. 즉, 도덕성이 높은 아이가 자신을 자제하고, 통제할 수 있는 힘을 가지고 있다는 뜻입니다.

게임이 아이들에게 치명적으로 독이 되는 이유 중 하나가 바로 통제하는 힘을 상실하기 때문입니다. 하고 싶은 것은 꼭 해야 하고 절대 참지 못하게 됩니다. 하다가 잘 되지 않으면 다시 리셋하면 되는 쉽게 말해 인스턴트 경험입니다. 노력의 가치가 희미해지는 활동이며, 두뇌를 거의 쓰지 않는 활동입니다.

도덕성이 높은 아이로 키우기 위해서는 악기를 배우는 것이 큰 도움이 됩니다. **아이가 악기를 배우기 위해서는 성실함과 끊임없는 노력 그리고 자기 통제력을 필요로 합니다. 그 결과 아이는 악기를 통해 성취감을 배우게 됩니다.**

많은 연습으로 한 곡의 연주를 해냈을 때의 짜릿함 그리고 다시 새 곡을 받았을 때의 설레임, 이런 감정들은 자기가 경험해 보지 않고는 알지 못합니다. 작은 것에서 많은 것을 배울 수 있는 것이 그래서 악기입니다.

앞에서 언급한 대로 악기를 가르칠 때는 음악의 본질에 접근해서 가르쳐야 합니다. 박자에 맞추어 정확히 치는 것보다 왜 세게 쳐야 하는지, 왜 작게 쳐야 하는지를 배우고, 이 부분을 어떻게 연주할 것인지 생각하는 것이 중요합니다.

그리고 적절한 과제도 필요합니다. 아이가 흥미를 잃지 않게 잘 알고 있는 곡, 또는 그 다음 단계를 열망하게 하는 곡을 가끔 보여 주는 것도 좋습니다.

음악에서 악보는 문자와 같은 글입니다. 예전 할머니들은 배울 기회가 없어 한글을 쓰고, 읽지 못하는 분들이 많이 계셨습니다. 세상을 사는데 불편하셨지만 크게 지장은 없었을 것입니다. 그러나 글을 알게 되었을 때 세상이 180도 바뀌어 버렸다는 이야기를 하십니다. 음악에서 악보도 그렇습니다. 알지 못할 때는 상상할 수 없었던 넓은 세상이 숨어 있습니다.

학교에 입학하기 전 악보는 꼭 읽을 수 있어야 합니다. 그렇다고 강제적으로 가르칠 필요는 없습니다. 반복의 효과를 믿으면 됩니다. 통문자를 아이가 터득하듯이 6~7세가 되면 천천히 시작하여 아이가 알 때까지 같이 읽어주면서 반복하면 됩니다. 어느 시기가 지나면 스쳐 지나가는 악보도 읽을 수 있게 됩니다.

악보는 어떻게 하면 사람들이 쉽게 읽을 수 있을까를 고민해서 만든 것입니다. 익숙해지면 글을 읽는 것과 같습니다. 악보를 읽을 수 있는 것만으로도 초등학교 음악은 걱정하지 않아도 됩니다.

악기를 가르칠 때는 처음부터 많은 시간을 할애하지 말고, 5분, 10분, 15분 정도로 조금씩 시간을 늘려가며 집중할 수 있게 하고, 나머지 시간은 자유입니다. 연주하고 싶은 곡을 연주하고, 아이가 원하는 놀이를 함께 하면 됩니다.

❸ 미술-무한한 상상력을 키우는 힘

무한한 상상력을 키워라

　　　　미술을 잘하는 아이는 학교에서 유리한 위치로 출발합니다. 활동 위주의 학습에서 가장 많은 부분을 차지하고 있는 것이 미술 영역이기 때문이며, 특히 저학년에서는 더욱 그렇습니다.

　국어, 수학, 음악 심지어 체육까지도 미술영역과 관련지어 활동을 하게 되어 있습니다. 당연히 미술에 자신이 있는 아이들이 유리한 위치에 서게 됩니다. 그러나 초등학교 저학년은 잘 그리고 잘 만드는 것에서 벗어나 아이들의 다양한 생각을 어떻게 표현할 것인가를 더 중요하게 배웁니다.

　작은 의미에서 미술 활동은 제2의 뇌인 손을 통하여 뇌를 발달시키는데 의미가 있습니다. 손과 눈의 협응 작용을 통해 대뇌에 자극을 주게 되면 한창 뇌의 발달이 이루어지는 아이들에게는 더욱 많은 도움이 됩니다. 가위질, 종이접기도 마찬가지입니다.

　또 다양한 방법을 시도하여 만든 작품을 통해 자기 자신을 인정해 나가는 방법

을 배우고, 다른 사람의 작품을 보며 공감하고 다른 사람의 마음을 이해하는 수단이 되기도 합니다.

학교에서의 미술 교육은 한정된 시간이라는 한계를 가지고 있습니다. 그래서 작품을 만드는 과정 중 작품 구상과 자료 준비 과정을 숙제로 낼 때가 많습니다.

작품을 준비할 때는 아이가 다양한 생각을 떠올릴 수 있도록 도와 주어야 합니다. 이전에 보았거나 배웠던 표현 방법들을 생각하며 그에 맞는 주제를 찾을 수 있도록 많은 이야기를 나누어야 하는 것입니다. 이런 과정 속에서 의미있는 작품을 만들 수 있습니다. 가끔 결과물이 보잘 것 없을 때도 있지만 스스로 생각하는 과정만으로도 가치있는 일이라는 것을 아이에게 알려 주어야 합니다.

미술 활동을 통해 아이들이 무한한 상상력을 키우고, 깊이있게 생각하며, 사소한 것도 큰눈으로 볼 수 있게 되었으면 합니다.

명화의 표현 방법을 배우자

딸아이는 명화가 있는 동화책으로 그림을 접했습니다. 우연한 기회에 책이 생겨 복권에 당첨된 기분이었지만 모나리자와 몇몇 권을 제외하고는 아이가 아직 관심이 없습니다. 지금은 묵혀두고 있지만 좋은 책은 언젠가 아이들이 찾을 것이라 믿습니다. 그런 이유로 아이에게 억지로 권하거나 읽어주려 하지 않습니다.

대신 아이들 앞에서 제가 읽었습니다. 열심히 읽다 보면 어느새 아이들도 궁금한 듯 쳐다보고 있습니다. 그럼 간단하게 작품에 대한 이야기와 표현 방법에 대해 이야기합니다. 이렇게 아이는 그 표현 방법을 새롭게 익히게 되는 것입니다.

딸아이는 모나리자 그림을 무척 좋아합니다. 모나리자는 이제 아이의 친구입니다. 모나리자의 얼굴을 지워 얼굴 그려 나가기, 모나리자 옷 갈아입히기, 모나리자를 잘라서 뒷배경 바꿔보기 등 모나리자로 많은 활동을 하였습니다. 또 보테로의 뚱뚱한 모나리자를 보고 아이들이 얼마나 웃었는지 미술에 대한 새로운 시각을 얻은 날이었습니다.

우리 그림에 대한 인식도 새로웠습니다. 색감에서부터 차이가 나는 우리 그림의 특징을 아이들은 쉽게 잡아냈습니다. 먹을 사용하기에는 너무 어려 검정 물감과 면봉을 사용해 화선지에 그린 사군자, 또 김홍도의 그림을 따라한 놀이터에서 노는 아이들의 모습도 아이에게 같은 재료로 다른 느낌을 나타낼 수 있는 좋은 놀이였습니다.

저는 미술에 자신이 없었습니다. 어머니가 동양화가이고, 동생은 이런 미술에 대한 소질을 물려받아 어렸을 때부터 상이란 상은 다 휩쓸었습니다. 저는 그림을 그릴수록 비교가 된다는 생각에 점점 피하게 되었고, 피하니 더 잘할 수 없게 되었습니다.

하지만 피아노를 오랜 시간 배우면서 시대마다 음악과 미술이 비슷한 느낌을 갖는다는 것을 알게 되었습니다. 그리고 작가가 표현하려고 하는 것이 무엇인지를 찾고, 그 표현 방법을 추정하는 것이 즐거워졌습니다. 잘하는 것은 즐겁습니다. 즐거운 것은 또 잘하게 됩니다. 그러면서 그림과 가까워졌습니다.

앞에서 말씀드린 것처럼 잘하기 위한 미술이 아닙니다. 과정이 즐거운 미술이면 된다고 생각합니다. 많은 시행착오를 거쳤기에 재미있고, 엄마와 함께 온 몸으로 노니 그것 또한 재밌습니다.

아이가 따라 그린 명화나 다양한 표현 방법으로 그린 그림들을 묶어 놓으면 멋진 교재가 됩니다. 그리고 그 작품집은 아이에게 계속적인 창작욕을 불러일으키며, 성취감을 느끼게 할 것입니다.

만들기로 집중력을 키우자

　　　　　어느 날부터 유치원 가방 안에는 재활용품으로 만든 정체 모를 작품들이 출몰했습니다. 완성도로 말하자면 작품이라는 말을 붙이기에도 미안할 수준입니다. 하지만 딸아이는 너무나도 열의에 찬 표정으로 작품에 대해 설명했고, 책장 위에 전시해 두니 퇴근해 온 아빠를 끌고 언제나 그곳부터 향했습니다.

　둘째 아이가 있다는 이유로 준비물을 필요로 하는 만들기에 소홀했던 저에게 유치원의 재활용품 만들기 코너는 고마운 것이었습니다. 딸아이는 자율시간에는 언제나 그 곳에 붙어있는지 하루에도 작품을 몇 개씩 가져올 때도 있었습니다. 하루하루 날이 갈수록 형체를 알아보기 쉬워졌고, 표현하고자 하는 주제의 특징을 나타내는 실력도 늘어나는 것을 보았습니다. 무엇보다도 정말 즐거워했습니다.

　만들기 코너에서 아이들끼리 서로 의사소통을 통해 배우는 것도 있었습니다. 작품을 설명하다 딸아이는 "이건 어떻게 만들었는지 알아요?" 하고 물으며 친구가 가르쳐 주었다는 말을 했습니다. 그리고 그 친구와 진짜 친구가 되었다고 자랑하는 모습이 참 예뻤습니다. 또 자기가 만든 무언가를 친구에게 가르쳐 주었다고 너무나 자랑스럽게 말했습니다.

　집에서도 찰흙과 밀가루 반죽을 이용하여 만들기 활동을 하였습니다. 간혹 천조각이나 솜을 이용해 만들어 보기도 하고, 휴지를 물에 적셔 물감과 섞은 뒤 도화지 위에 형체를 만들고 말리는 활동도 아이들이 즐거워하는 활동이었습니다.

　수수깡과 다양한 빨대를 이용해 멋진 작품을 만들기도 했습니다. 아이들이 제일 좋아하고 즐겨하는 활동 중 하나가 칼질이었는데 약간 날카로운 빵칼이나 가위로 수수깡을 잘라 물풀을 이용해 붙이거나 이쑤시개를 이용해 조형물을 만드는 것입니다. 간단하지만 생각보다 훨씬 멋진 작품이 나옵니다. 또 색종이에 풀로 수수깡을 붙여 입체감을 표현하는 활동도 재밌습니다. 쉽게 빌딩을 짓는 듯한 효과를 낼 수 있습니다.

　조각 또한 재미있는 활동입니다. 하지만 조각칼이 아직 아이들에게는 위험하여 플라스틱 찰흙칼을 이용해 호박을 깎아 보게 하였습니다. 멋진 작품을 기대한다기보다 밑그림을 그린 후 조각을 만드는 과정을 경험해 본다는데 더 의미가 있습니다. 아이 손에 조금 더 힘이 생기면 나중에는 감자나 다른 단단한 재료들도 사용해 볼 생각입니다.

　만들기를 할 수 있는 재료는 많습니다. 주위를 조금만 둘러보면 다 표현할 수 있는 재료들입니다. 그래서 휴지심이나 각종 음료수 뚜껑들도 모두 모아 놓으려 애씁니다. 모두 아이의 상상력을 자극할 수 있는 재료들입니다.

　만들기는 생각보다 섬세한 손놀림을 필요로 합니다. 미술 활동을 통해 아이들은 자기 통제능력을 기르고, 집중력을 키워나갑니다.

지적은 약이 아니라 독이다

다양한 활동이 위주가 되는 초등 미술 교육에서도 그리기는 어쩔 수 없이 기본이 됩니다. 크레파스, 사인펜, 색연필의 바른 사용은 물론이고 다양한 표현 방법을 경험해 보는 것이 좋습니다.

지도하는 교사마다 차이가 있지만 보통 1학년 2학기 정도면 물감도 쓰게 됩니다. 물감은 또 다른 세계입니다. 쉽게 완성도가 높아지지만 잘못 쓰면 그림을 망쳐 버리는 것도 물감입니다.

그림 그리기에 대해 별다른 지도를 하지 않다 6살 후반이 되어서야 조금씩 그림 지도를 하고 있습니다. 상상화의 지도도 다른 그림을 보고 하면 쉽습니다. 다른 아이들이 그린 그림도 찾으려고 하면 많습니다. 또 어떤 점이 재미있는지 어떤 부분이 모자라는지 아이와 함께 이야기를 나눈 후 그리게 하면 아이의 그림이 많이 바뀌는 것을 봅니다.

경험한 것을 먼저 그려보게 하고 다음이 상상화입니다. 내 주위의 것을 그리게 하면 주변의 모든 것이 허투루 보이지 않습니다. 이런 과정을 통해 아이의 관찰력 또한 날이 갈수록 좋아집니다.

언제나 그렇듯 절대 해서는 안 되는 일이 잘못을 지적하는 것입니다. 예술 활동에서 가장 좋지 않은 자극이 바로 잘못의 지적입니다. 지적받은 부분이 고쳐지기보다는 오히려 위축되는 경우가 많으며, 즐거웠던 활동이 한순간에 부담스럽고 괴로운 활동으로 바뀌어 버립니다.

예를 들면, 어느 날 부터 딸아이의 그림이 점점 작아지기 시작했습니다. 이유는 단 하나 작아야 예쁘다였습니다. 여러 명의 인어공주를 그리며 제일 작은 인어공주가 막내인데, 막내 인어공주가 가장 예쁘다고 했습니다. 손가락과 입이 근질근질했지만 잘 참고 넘겼습니다.

그후 가지고 있던 인어공주 그림을 우연히 찾은 것처럼 보여주며, "와, 제일 앞에 있는 인어가 주인공인가 봐. 제일 크니까 제일 먼저 보이고 주인공인지 금방 알겠는 걸. 그리고 크게 그리니까 얼굴 표정을 재미있게 바꿀 수도 있네."라는 말로 크게 그린 그림이 더 재미있다는 감탄과 이야기를 나누었습니다.

딸아이의 그림에 대한 비판이나 언급은 전혀 하지 않았습니다. 바로 다음날부터 아이의 그림이 다시 커지면서 얼굴 표정, 손동작들이 활기차게 되살아났습니다.

그림 속에 이야기를 담자

아이들 그림의 시작은 보통 차렷하고 서있는 그림입니다. 특히 여자 아이는 차렷하고 모두 드레스를 입고 있습니다. 딸아이의 그림 주인공들은 여기에 뾰족 구두까지 갖춰 신고 있습니다. 어느 정도는 그냥 넘어가야 된다고 생각합니다. 예쁜 공주는 영원한 여자 아이들의 로망이기 때문입니다.

하지만 모든 그림의 주인공들이 드레스를 입고, 차렷한 자세는 재미없는 그림이 됩니다. 그래서 아이에게 주인공들을 소개시키게 했습니다. 이 아이는 무슨 생각을 하고 어떤 기분인지부터 무엇을 하려고 하는지 또 옆의 아이는 누구인지 등 아이의 생각을 담게 했습니다. 그리고 표정에서 알아볼 수 있는 이야기는 칭찬을 해 주었습니다. 그 과정이 지나자 이젠 게임이 되었습니다. 즉, 맞추기 게임입니다.

 얘가 뭐하고 있는지 알아요?

 옆의 친구를 보고 있는 것 같아. 뭘 말하려고 하는 것 같은데.

 옆에 주인공이 줄넘기를 하고 있잖아요. 다리를 보세요.
(다리가 줄넘기를 하듯이 폴짝 뛰고 있습니다.)

 아~, 참 잘한다 하고 감탄하고 있구나.

그러면 아이의 얼굴이 만족스러운 미소로 가득합니다. 처음에는 한두 명 정도의 등장인물로 시작하여 점점 종이를 채워나갈 수 있도록 독려해야 합니다.

초등학교 1학년을 가르쳐 보면 도화지의 10분의 1도 채우지 못하는 아이가 있습니다. 이야기를 만들어 내지 못하는 것이지요. 여자 아이들보다 남자 아이들의 경우가 더욱 그렇습니다. 예쁘게 그리는 것이 잘 그린 그림은 아닙니다. 재미있는 이야기를 담은 그림이 살아있는 그림입니다.

내 생각을 담고, 내가 생각한대로 표현을 하려면 몇 가지 기술이 필요합니다. 그 하나가 움직임을 관찰하는 것입니다. 저도 이제 딸아이와 해 보려는 것인데 종이 관절 인형을 만드는 것입니다. 머리, 목, 어깨, 팔, 손, 몸통, 엉덩이 그리고 다리 이렇게 움직일 수 있는 관절 인형을 만들어 자석 칠판에 붙인 후 뛰는 모습, 걷는 모습 등을 표현해 보게 하여 그림으로 나타내는 방법입니다.

만드는 방법은 어렵지 않습니다. 움직일 수 있는 관절들을 따로 만들어 암수로 되어 있는 똑딱이를 붙이면 흔들흔들 붙게 됩니다. 수업에서 썼던 방법으로 아이들이 그리고 만드는 과정을 재미있어 하고 쉽게 따라할 수 있습니다. 손발이 움직이는 것만으로도 아이의 그림은 다양한 표정을 갖게 됩니다.

저학년의 경우 색의 밀도가 높은 그림을 좋은 그림이라고 합니다. 즉, 색칠이 제대로 이루어진 그림, 밝은 색으로 구성되어진 그림, 독특하고 자신만의 개성이 보이는 그림이 바로 그렇습니다. 색을 사용할 때 너무 많은 색의 크레파스는 경우의 수를 많게 하여 오히려 아이들을 혼란에 빠뜨리고 제대로 활용할 수 없게 하는 경우가 많습니다.

그래서 색을 어둡게 쓰는 아이들에게는 색의 사용을 제한하는 방법으로 그림을 그리게 합니다. 즉, 밝은 색 2~3가지를 이용해서 그림을 그려 보게 하는 것입니다. 이런 방법으로 색을 조금씩 늘려가면 어둡던 아이의 그림이 점차 자기색을 찾게 됩니다.

초등학교 1학년 아이가 8절 도화지에 그림을 그리고 채색까지 완성된 그림을 그리는 것은 쉬운 일이 아닙니다. 그래서 도화지를 반으로 잘라 아이에게 그려보게도 합니다. 길게 세로로 자르기도 하고, 가로로 자르기도 하여 아이가 완성된 그림을 그릴 수 있도록 하기 위한 것입니다.

아이가 초등학교에 입학하기 전까지 도화지는 조금씩 커져 아이가 입학하기 전에는 8절 도화지에 완성된 그림을 그려 보게 할 것입니다.

④ 다양한 경험이 아이의 잠재력을 키운다

자연을 느끼게 하자

　　　　예전에 근무하던 학교 교문 옆에는 아주 커다란 나무가 있었습니다. 무슨 나무였는지는 잘 기억이 나지 않지만 예쁜 봉오리가 지더니 어느 날 흐드러지게 꽃이 피었습니다. 너무 예뻐서 혹시 반 아이들 중에 본 아이가 있는지 물었습니다. 거짓말처럼 한 아이도 보지 못했다고 했습니다.

　그날 하교 시간에 아이들은 누가 먼저랄 것도 없이 "우와" 하고 감탄사를 내뱉으며, 나무를 보고 껑충껑충 뛰었습니다. 아이들이 일부러 보려 하지 않아도 보이는 그 나무를 며칠이 지나도록 한 아이도 보지 못 했던 것에 많이 씁쓸했었습니다.

　요즘 사람들은 바쁩니다. 그래서 길가에 핀 꽃과 나무, 푸른 하늘을 볼 시간이 없습니다. 그러나 아이들에게는 그 아름다움에 대해 알려 주어야 합니다. 비 온 뒤의 가슴 개운한 공기와 봄을 알리는 고운 연초록빛의 아름다움을 느끼게 해 주어야 합니다. 아이의 눈이 머물게 하기 위해 부모님의 눈이 먼저 머물고 그 아름다움을 느껴야 합니다.

노을이 지는 하늘을 보고 엄마가 "정말 색깔이 곱고 아름답다."라고 하면 아이의 눈은 아름다움을 보게 됩니다. 하늘을 볼 수 있는 여유를 가지게 되고, 작은 것에 마음이 머물 수 있는 사람이 됩니다.

딸아이는 어릴 때부터 저와 산책을 많이 다녔습니다. 또 뒷산이 가까워 도시에서 보기 힘든 달팽이나 공벌레, 사마귀와 같은 동물들을 자주 볼 수 있었습니다. 처음에는 별 준비물 없이 그저 즐겁게 걸어나가기만 하면 됩니다. 콘크리트가 나무보다 많은 삭막한 도시지만 그래도 아이들은 자연의 냄새를 맡고, 자연이 만들어 낸 멋진 작품들을 보게 됩니다.

1학년 수업 중 나무를 관찰하는 수업이 있습니다. 좋은 눈을 가진 아이들은 관찰할 것을 가르쳐 주지 않아도 만져보고, 냄새 맡아보고, 색을 비교해 봅니다. 제가 가르치려는 것보다 더 많은 것을 스스로 알게 되는 것입니다.

무엇이든 알아야 궁금해지는 법입니다. 전혀 모르는 것에 대해서는 호기심도 궁금증도 잘 생기지 않습니다. 내 눈과 내 손으로 관찰한 나무에 대해 배울 때는 눈빛이 빛나고, 머릿속에도 쏙쏙 들어갑니다.

초등교육은 학문을 가르치는 수업이 아닙니다. 학문을 하는 방법을 가르치는 과정으로 공부를 하기 위해 필요한 능력들을 가르치는 교육이라고 생각합니다. 나무 이름을 하나 더 외우는 것보다 그 나무를 보고, 손으로 더듬으며 느끼면서 알아가는 것이 아이에게 탐구하는 길을 안내해줍니다.

사소한 것에 민감해져라

　　　　　　아이가 좀 더 커서 도구에 관심을 갖게 되고, 도구를 사용할 수 있게 되었을 때 돋보기와 작은 수첩을 주었습니다. 작은 비닐도 준비하고, 나무젓가락도 주었습니다. 진짜 과학자처럼 돋보기로 보고, 젓가락으로 헤집고 또 집어 올릴 때의 눈빛은 반짝거렸습니다.

　간혹 유치원 버스를 놓쳐 유치원까지 걸어가는 10분 정도의 길이 딸아이에게는 산책의 시간이 됩니다. 저는 힘들어 차를 타고 가자고 하지만 딸아이는 꼭 걷고 싶어 합니다.

　얼마 전 비가 내린 산책길에 오토바이 바퀴 아래에서 달팽이를 구출한 적이 있습니다. 보석 같은 눈으로 "엄마, 벌레!" 해서 보니 달팽이였습니다. 아저씨께 양해를 구하고 달팽이를 구출한 후 집으로 3일 동안만 초대하기로 했습니다. 그날 퇴근한 아빠에게 딸아이는 슈퍼맨이었습니다. 작은 것을 지나치지 않고 달팽이를 구했으니까요.

　흘깃 넘어갔던 달팽이 책을 다시 찾아보고 인터넷으로 달팽이를 보여 주며, 며칠 동안은 달팽이가 집안의 화재였습니다. 달팽이의 방문 이후 딸아이는 더욱 작은 벌레나 생명체에 눈길을 많이 보내게 되었고, 여전히 산책길 나무들의 변화를 시시각각 엄마에게 보고합니다. 아이가 관찰하고 표현하기 위해서는 그 표현 방법이 다양해야 합니다. 이런 과정 속에서 아이는 조금씩 체계화되고 풍부한 표현력을 갖게 됩니다.

박물관은 우리 집 놀이터

멀지 않은 곳에 있는 박물관이나 전시관들은 그야말로 멋진 교육의 장입니다. 한 번 보는 것이 백 번 듣는 것보다 훨씬 낫다는 말을 박물관에 다녀오면 더욱 크게 느낍니다. 요즘은 특별 전시도 볼만한 것이 많고, 아이의 눈높이에 맞춘 것도 많습니다.

가기 전에 꼭 준비해야 할 것은 **미리 찾아보거나 예습해 가기입니다.** 앞에서 말한 것처럼 아는 만큼 보입니다. 어떤 의미가 있는지 모르고 그저 구경만 하는 것으로는 의미있는 경험이 되지 않습니다. 책으로 또는 매체로 접한 것을 실제로 보았을 때 아이의 기억 속에 의미있는 자리를 차지하게 됩니다.

다음으로 중요한 것은 박물관에서 얻은 지식을 외우게 하거나 기억하지 못한다고 아이를 몰아세워서는 안 된다는 것입니다. 넘쳐나는 정보와 지식들을 모두 기억한다는 것은 불가능하며 오히려 아이를 지식에 가두어 박물관에서 배우는 시간들을 지루하고 강박적으로 느끼게 할 수 있기 때문입니다.

의미있는 것을 보고, 찾으러 가는 것입니다. 즐겁게 지적 탐구 학습을 거듭하다 보면 아이 스스로 찾는 방법을 알게 되고, 또 수업 시간에 그와 관련된 내용을 접했을 때 세세한 사실들은 기억하지 못 하더라도 교사의 설명에 즐거운 기억을 떠올리며 수업에 흥미를 갖게 됩니다.

학습에서 흥미란 아주 중요하지만, 절대로 억지로 되지 않는 것입니다. 말로 하라고 해도 할 수 없는 것이고, 또 방법을 일러주기도 마땅치 않습니다. 그저 부모님이 도울 수 있는 일은 학습에 재미를 부여할 수 있는 동기를 마련해 주는 것뿐입니다.

특별한 지식이 없어도 괜찮습니다. "이게 대체 무엇일까?"라고 질문을 던지고 의미없는 수다를 나누어도 괜찮습니다. 아니, 오히려 아이에게 설명하는 것보다 훨씬 더 도움이 된다고 생각합니다.

박물관, 전시관은 한 번 보는 것이 아닙니다. 좋은 책은 볼 때마다 느낌이 다르고, 배울 것이 있는 것처럼 좋은 박물관과 전시관 또한 그때그때 배우고 느끼는 것이 다릅니다. 몇 번을 가본 박물관에서도 아이는 전에 보지 못했던 것들을 종종 찾곤 합니다. 그런 날이면 아이는 무슨 보물이라도 찾은 것처럼 즐거워하고, 두근거려 합니다. 아이는 스스로 찾는 즐거움에 눈을 뜨게 된 것입니다.

박물관, 전시관, 공연장에서 팜플렛이 있으면 구입을 하는 것이 좋습니다. 관계자들이 심혈을 기울여 만든 팜플렛들은 그것만으로도 큰 가치를 지닙니다. 집에다 걸어 두고 볼 때마다 아이와 함께 이야깃거리도 되고, 잊어버릴 만한 기억도 되살릴 수 있습니다. 또, 모아 놓으면 학교에서 자료를 가져오라고 하거나 과제가 있을 때에도 유용하게 쓸 수 있습니다.

아이가 6살 정도가 되면 박물관에 다녀온 후 그림을 그리거나 인터넷에서 그와 관련된 그림들을 찾아 마인드맵을 만들어 보는 활동도 좋습니다. 아직 글로 남기는 것이 부담스러운 아이들에게 훌륭한 활동이 됩니다.

배운 것을 표현해 보는 것은 의미있는 활동입니다. 무엇인가를 만들어낸다는 것에서 느끼는 자신감 또한 큽니다. 박물관을 다녀오면 스케치북에 팜플렛이나 인터넷에서 출력한 자료를 오려 붙여 박물관 만들어 보기, 그림 그리기, 외국인에게 설명해 보기 등 그때그때 생각나는 활동들을 많이 해야 합니다.

오랜 시간을 할애하는 활동은 오히려 아이에게 부담을 주게 되므로 즐겁게 하고 끝낼 수 있는 것이 좋습니다. 그리고 그렇게 만든 작품은 짧게라도 다른 사람들 앞에서 발표할 수 있게 합니다. 가끔은 아빠와 엄마도 발표하여 다른 사람이 하는 발표 기술을 배울 수 있는 기회를 주기도 합니다.

아주 쉬운 놀이처럼 하는 활동들이지만 그 속에서 배우고자 하는 개념들은 만만치 않은 것들입니다. 관찰 후 자료를 수집하고, 의미있는 자료만 골라 체계화하여 발표까지 하는 것을 가르치는 것은 어려운 활동입니다. 하지만 학교에 들어가서 수업 시간에 계속 이루어져야 하는 활동들이기도 합니다. 유치 단계에서는 아이들끼리 활동하는 것도 의미가 있지만 부모님과 함께 1:1로 배우는 활동들이 아이를 더 많이 크게 합니다.

요리로 배우는 과학

　　　　　요리는 아이들에게 멋진 통합 교과목입니다. 영어를 배우는 시간이고, 반죽을 하며 맛있는 쿠키를 만들 때는 미술 시간도 됩니다. 또 요리를 하며 재미난 시도 지어보니 국어 시간도 되지만 역시 가장 많이 배우는 것은 과학입니다.

　음식을 만들 때는 모두 대강대강 넣는 엄마이지만 아이와 함께하는 요리 시간에는 갖가지 계량 기구들이 등장합니다. 엉망이 될 각오를 하고, 또 그렇게 엉망이 되어야만 배울 수 있다고 마음을 다지며 시작합니다. 엄마에게는 뒤처리가 힘든 활동이지만 아이에게는 더할 나위 없이 즐거운 활동이 됩니다. 그렇게 양과 질량·무게·길이감 등을 느끼게 하며, 손 감각을 발달시키고 교구와 기구의 사용법을 배우게 합니다.

　물은 몇 도에서 끓는지, 물의 양과 끓는 시간이 비례하는지, 소금이 들어가면 왜 물이 빨리 끓게 되는지 등 말로 설명하면 절대 지금 나이에는 이해하기 어려운 것들을 경험을 통해 알게 되는 것입니다.

　학년이 올라갈수록 사회, 과학 과목이 어려워지는 이유는 그 어느 교과보다 경험의 교과이기 때문입니다. 경험이 바탕이 되지 않고, 그저 지식만을 습득하여 쌓다보면 결국 그 한계가 오게 마련인 교과라고 생각합니다. 보는 눈을 기르고, 경험하게 하는 것이 가장 중요합니다.

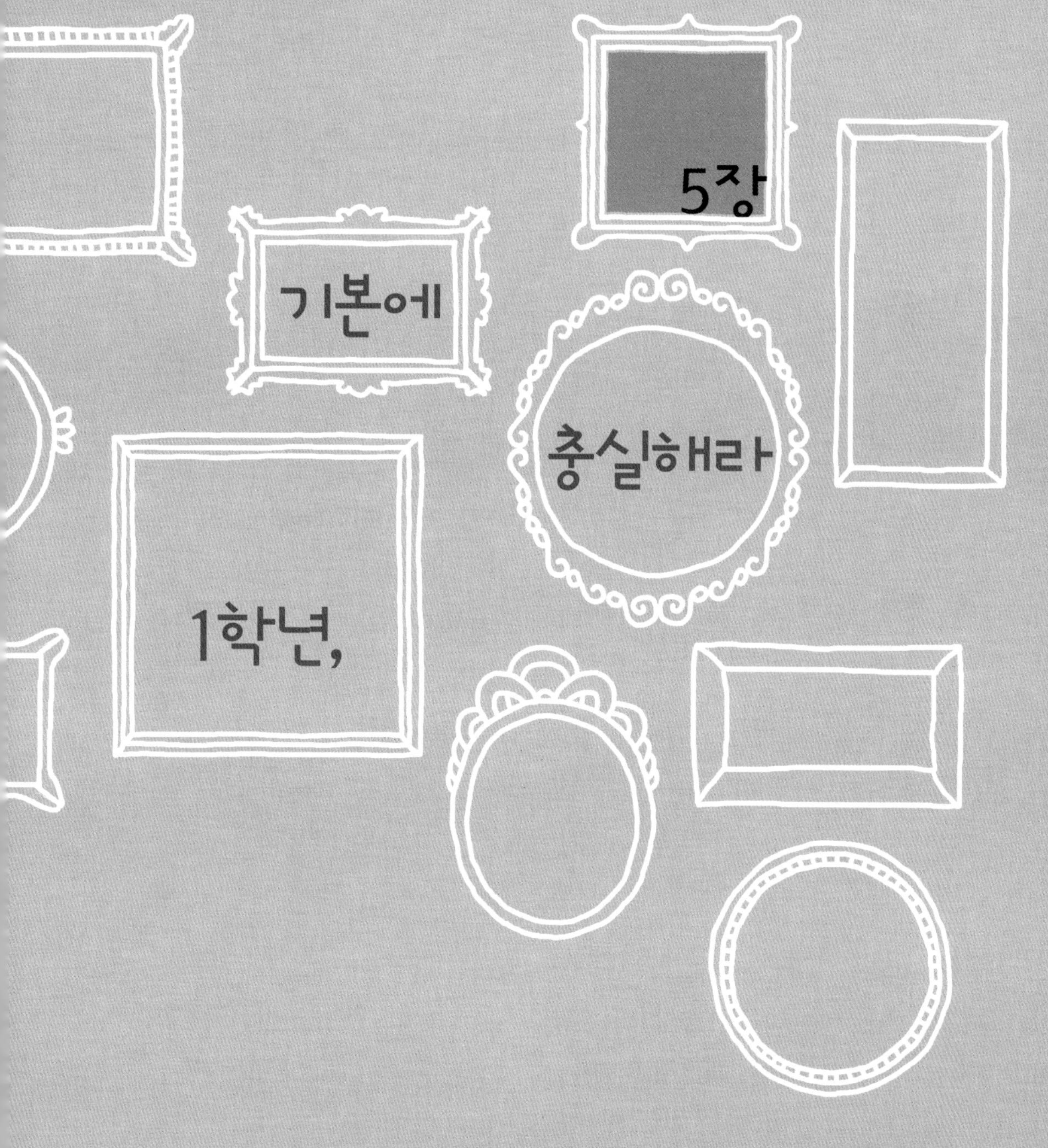

5장

1학년, 기본에 충실해라

1 기본예절 배우기

기본예절은 부모에게서 배운다

　　　　　　기본예절을 배우는데 있어 아이에게 부모는 거울이 되어야 합니다. 해서는 안 된다고 한 일을 아이 앞에서 부모가 하는 것은 아이에게 혼란과 반항만 가져 옵니다.

　아이들은 자기의 생각과 느낌을 표현하는 힘이 아직 부족하여 느끼는 것을 잘 표현하지 못합니다. 때문에 부모의 잘못된 행동이 아이에게 얼마나 큰 자극으로 남게 되는지, 그 순간에는 바로 알아차리지 못하는 경우가 많습니다.

　엘리베이터에서 큰소리로 말하거나 뛰면 안 된다고 했던 엄마가 엘리베이터에서 큰소리로 전화를 받거나 수다를 떨면, 아이는 엄마의 말보다 엄마의 행동을 배우게 됩니다. 또, 횡단보도에서는 절대로 급하게 뛰거나 빨간 불에서 건너면 안 된다는 말을 엄마와 함께 어기게 되면, 아이의 마음에는 급하면 이렇게 해도 되는구나로 인식이 됩니다.

　다른 어떤 것보다 기본예절 교육은 부모의 일관된 모범이 필요합니다. 크게 인사를 시키기 위해서 "인사해라."라는 말보다 엄마가 크게 인사를 할 때 아이는 은연 중에 배우게 됩니다. 해야 하는 일에 대해서는 칭찬을 자제하여 칭찬 받을 일이 아니라 당연히 해야 할 일로 인식시켜야 합니다. 당연히 해야 할 일에 칭찬을 받으면 다음에 그 일을 했을 때 칭찬받지 않는 것이 이상해집니다. 너무 많은 칭찬은 아이에게 해야 할 일에 대한 목표를 칭찬으로 바꾸어 놓습니다. 즉, 해야 하는 일이 아니라 칭찬을 받기 위해 하는 일이 됩니다.

인사도 마찬가지로 꼭 해야 하는 일입니다. 다른 사람에게 칭찬받기 위해서가 아니라 화장실에서 대소변을 보고 나면 뒤처리를 해야 하는 것처럼 그냥 당연히 해야 하는 일입니다. 저는 아이에게 기본예절이란 그런 것이라고 가르칩니다. 아이가 자랑스러울 때 아이를 보며 한번 웃어주는 것만으로도 아이의 마음에는 내가 '잘했구나.' 라는 생각에 기분 좋은 일이 됩니다.

다음은 학교에 들어가기 전 꼭 가르쳐야 할 기본예절입니다.

★ 상황에 맞는 감사 인사나 사과 인사하기
★ 어른들께 높임말 쓰기
★ 물건을 주고 받을 때는 두 손으로 받기
★ 야단맞을 때의 자세와 대처 방법 알기
★ 어른들께 바른 인사하기
★ 고자질하지 않기
★ 어른들이 말씀하실 때 기다리기

더 많은 것이 있지만, 위의 것들만 아이들 몸에 배게 하여도 어디서든 예의 바르고, 멋진 아이가 됩니다.

어른과 소통하는 법을 가르쳐라

어릴 적 제일 답답했던 것은 동생과 싸웠을 때 왜 화를 냈는지 설명하지 못하는 것이었습니다. 부모님께 설명하려 하면 '대든다'며 도리어 화를 내셨습니다. 또 반성하고 있다는걸 말하고 싶은데, 그것 또한 '건방져 보인다'는 말씀을 들어 어리둥절했던 적이 있습니다. 그래서 아이들에게 야단맞는 기술를 가르칠 필요가 있다고 생각합니다.

어떤 표정과 마음으로 있어야 하는지, 그런 뜻이 없더라도 어떤 모습들은 어른들을 더 화나게 할 수 있다는 것을, 화가 나서 참을 수 없는 상황에도 아이에게 가르치려고 노력합니다.

어떤 아이들은 야단을 맞다가 웃기도 합니다. 아들아이는 야단을 맞으면서 까붑니다. 자신이 어떤 행동을 했을 때 엄마가 웃었다라는 경험에서 그런 생각을 하게 된 것 같습니다. 또는 무의식 중에 장난으로 넘기려고 하는 이유도 있을 것입니다. 하지만 알면서도 화가 날 때가 많습니다. 아직 말로 설명하기에는 벅찰 때가 있지만 다행히 누나가 하는 것을 보고 찬찬히 알아가고 있는 중입니다.

야단을 맞고 난 뒤에는 아이와 그 상황에 대해 많은 이야기를 나눕니다. 엄마가 왜 화가 났었는지, 아이의 태도가 좋았을 때는 왜 화가 빨리 풀렸는지를 이야기하고, 너무 화가 나서 아이의 마음을 읽지 못했을 때는 늦게라도 아이의 마음을 읽어주는 말을 건넵니다. 하지만 그래서는 안 된다는 말도 잊지 않으려 노력합니다.

야단을 치면서 그때 그때 아이가 이렇게 행동했으면 좋겠다는 말을 이야기 해 줍니다. 그리고 아이가 바른 행동을 했을 때 그 행동 때문에 화가 풀렸다는 말도 해 줍니다. 그러면서 아이는 어른과 소통하는 법을 배우게 된다고 생각합니다.

학교라는 사회에 나가면 엄마 아빠처럼 자기를 이해해 주는 어른만 있는 것이 아닙니다. 아주 사소한 일에도 버릇없는 아이가 되어 버리기도 하고, 또 이해할 만한 일도 어떤 어른들은 전혀 이해하지 못하는 경우도 있습니다. 아이가 그런 어른들 때문에 상처 받기를 바라지 않기에 그 기준이 더 엄해지는 것 같습니다.

야단맞는 태도

❶ 말씀하시는 분을 똑바로 보고 잘 듣고 있다는 표현을 할 것

❷ 내가 무엇을 잘못했는지 듣고 나서 공손히 하고 싶은 말을 할 것

❸ 어른이 너무 화가 났다면 억울하더라도 기분을 나쁘게 한 부분에 대해서는 먼저 사과하고 왜 그랬는지 설명할 것

❹ 사과를 할 때에는 큰소리로 똑똑히 말할 것

❺ 사과를 하면서 다른 사람의 잘못을 얘기하지 말 것

학교에서도 마찬가지입니다. 교사를 바꿀 수는 없습니다. 그리고 개인적으로 아이를 대했을 때는 좋은 말로 넘어갈 수 있는 것도 많은 아이들 속에서는 허용되지 못하는 경우도 분명 있습니다. 버릇없는 행동을 하는 아이를 바로 잡지 못하면 그 반 아이들 전체의 예의범절을 가르치기가 힘들어집니다. 그래서 1학년 교사들 중에는 예의범절에 대해 더 엄하게 지도하는 분들도 있습니다.

아이가 학교에서 예의범절 때문에 야단맞았을 때는 그 기준에 대해서도 설명을 해 주어야 합니다. 물론 속상한 아이의 마음을 읽어주는 것이 그보다 먼저입니다.

말은 나를 나타내는 그릇이다

1학년 아이들의 대부분은 높임말을 잘 씁니다. 하지만 어른에게 해서는 안 되는 말을 하는 아이들도 많습니다. 얼마 전 문화센터에서 6살 정도 되는 아이가 엄마에게 "짜증나, 물어보지 마."라고 하자 그 아이의 엄마가 "어른한테 그렇게 말하면 안 되지. '짜증나요. 묻지 마세요.'라고 해야지." 하며 너무나 진지하게 가르치는 것을 보았습니다.

농담을 하나 해서 살펴보았는데 정말 그렇게 아이를 가르치고는 다른 말로 넘어가더군요. 어른에게 해서는 안 될 말입니다.

내 아이가 사랑스러울수록 더욱 더 엄격하고 단호하게 가르쳐야 하는 것이 예의범절입니다. 어른을 어른으로 받아들이지 못하는 아이는 학교에서도 교사가 우스울 때가 있습니다. 이미 가르치는 사람을 우습게 받아들인 아이는 그 교사에게 아무 것도 배울 수가 없습니다. 유럽의 귀족사회에서, 우리나라의 전통 교육에서 가장 중요하게 교육했던 것이 바로 어른 앞에서의 언행입니다. 그것은 비단 말과 행동으로 끝나는 것이 아니라 사고를 움직이고, 또 반영하는 것이기 때문입니다.

충동적으로 무언가를 표현하는 아이는 더 자극적인 것을 탐닉하게 됩니다. 학교에서 가장 쉽고 빠르게 배우는 것이 욕입니다. 어찌나 귀에 잘 달라붙는지 스치기만 해도 전염이 됩니다. 아마 1학년 학부모가 되면 각오를 해야 할 것입니다. 배우기는 쉽지만 그 말이 입으로 나오는 아이가 있고, 또 한두 번 나오다가도 자기 스스로 부끄럽고 놀라 쓰지 않는 아이가 있습니다.

그 기본은 부모가 만들어 주는 것이라고 생각합니다. 아이가 버릇 없는 말을 할 때 정색을 하며, 그 말이 엄마에게 상처가 된다고 먼저 말합니다. 말하는 방법이 잘못 되었다고 아이에게 설명하고, 무슨 말을 하고 싶었는지를 묻고 이렇게 고쳐서 말하면 엄마 기분이 나쁘거나 놀라지 않았을 것이라고 설명합니다.

아이가 나쁜 것이 아니라 아직 어려서 어른에게 말하는 법을 배우는 중에 한 실수라고 일러 줍니다. 이런 방법이 아이에게 덜 무안을 주면서도 아이의 잘못을 고치는 방법이라고 생각합니다.

사람이 많은 밖에서는 아이에게 나지막하고 단호하게 "그건 버릇없어 보인다." 라고 일러줍니다. 아이에게도 인격이 있기 때문에 더 이상 말하지는 않습니다. 하지만 아이가 잘못을 행한 그 자리에서 고쳐야 효과가 있습니다. 나중에 그 잘못에 대해 야단치는 것은 잔소리가 됩니다. 엄마의 잔소리가 길면 아이의 반항도 심해집니다. 요령있게 아이를 제지하고, 제대로 된 방법을 일러주는 것은 부모가 많은 시행착오를 거치며 터득해야 할 기술입니다. 또한 대안제시가 없는 훈육은 비난에 지나지 않습니다.

감정 읽어주기 → 단호하게 일러주기 → 대안 제시하기

고마워, 미안해는 멋진 말이다

우리나라 사람들이 가장 취약한 말이 미안하다, 고맙다입니다. 물론 그렇다고 해서 우리나라 사람들이 예의가 없다는 말은 아닙니다. 그저 버릇이 안 되어 자연스럽게 나오지 않는 것입니다.

아이들에게 '미안하다'는 용기가 있어야 하는 말이며, 아주 사소한 것에도 할 수 있는 말이라고 설명합니다. 그리고 '고맙다'는 언제 써도 좋으며, 마술 같은 말이라고 설명합니다. 학교에서도 마찬가지입니다. 고맙다, 미안하다는 말만 잘 써도 좋은 교우관계와 교사에게 사랑받는 아이가 됩니다.

이 말들은 하라고 해서 습관이 되지 않습니다. 앞에서 말한 것처럼 예절은 몸에 배는 것으로 마음에서 우러나와 입에 붙고, 몸에 붙어야 표현되는 말들입니다.

가끔 부모님 중에 먼저 사과하고, 고맙다고 하는 것이 아이의 기를 죽이거나 아이를 작게 만드는 것이라고 생각하는 분이 있습니다. 그러나 저는 이 말들이 아이를 넓고 크게 만드는 방법이라고 생각합니다. 그래서 아이들이 조그마한 것에도 "고마워"라고 말하고, 조그마한 실수에도 "미안해"라고 말했으면 합니다.

그러기 위해 아이보다 먼저 이 말을 쓰려 노력합니다. 제가 쓰면 아이가 따라하며 배웁니다. 아직은 더 크게 했으면 좋을 것 같아 제 목소리를 키울 때도 있고, 인사를 몇 번씩 할 때도 있지만 언젠가 아이 스스로 깨닫고 할 것이라 믿습니다.

요즘 딸아이는 동생과 함께 '미안해, 고마워' 놀이에 빠져 있습니다. 똑같이 고마워 해야 하는 상황이나 미안해 해야 하는 상황을 만들어서 '고마워' 하면 동생도 '고마워' 하고, '미안해' 하면 동생도 '미안해' 하는 것입니다. 재미있어 보이지 않는데도 온갖 상황을 만들어 앵무새 처럼 고마워, 미안해를 깔깔거리며 한참씩 합니다.

이 말의 힘을 믿습니다. 말이 사람을 만든다는 말도 믿습니다. 그 말이 아이를 겸손하고 너그러운 사람으로 만들어 줄 것이라는 것도 믿습니다.

인사의 의미를 가르쳐라

배꼽인사가 나타난 것이 그다지 오래 되지 않았습니다. 제가 어렸을 때만 해도 배꼽인사를 한 기억이 없고, 학교에 나왔을 때도 초기에는 그런 인사를 들어본 적이 없습니다. 물론 결혼하기 전이니 어린 아이들의 인사에 관심이 없어 그랬는지도 모르겠습니다. 어쨌든 어린 아이가 있는 집이라면 어디서나 들을 수 있는 이 인사법을 생각해낸 사람이 참 똑똑하다는 생각을 합니다.

왜 배꼽인사였을까요? 저는 우리 반절과 많이 닮아있다는 생각을 합니다. 절은 공손함을 담고 있는데 그 공손함을 쉽게 표현한 것이 배꼽인사인 것입니다. 문제는 초등학교 1학년만 되어도 쑥쓰러워 잘 하지 않는다는 것입니다.

딸아이는 벌써부터 배꼽인사는 아기들만 하는 것이라고 합니다. 아이와 열띤 토론 끝에 내린 결론이 배꼽에 손을 대지 않는 대신 멈추어서 큰소리로 인사하는 것이었습니다.

인사는 나를 알리는 첫번째 방법으로 '나는 어떤 사람입니다.' 라는 말이라고 아이에게 이야기하며, 바로된 인사로 친구를 사귀게 될 수도 잃을 수도 있다는 것을 알려 주었습니다. 그리고 그 예로 멋지게 인사하는 디즈니의 공주님들을 많이 등장시켰습니다. 이제 딸아이는 인사의 긍정적인 힘에 대해 어렴풋이 느끼게 되었습니다.

예의범절은 마음을 담는 그릇과 같다

　　　　　　　어른과 물건을 주고받을 때의 예의범절과 어른
들 말씀 중에 끼어들지 않기는 요즘 아이들 10명 중 8명이 안 됩니다. 1학년 수업
을 하면서 3월 한 달 내내 했던 말 중 하나가 '두손'과 '기다려요.'였습니다. 이것
은 어른을 대하는 기본예절입니다.

　제일 싫어하는 말 중에 '친구 같은 부모'라는 말이 있습니다. 당연히 '친구 같
은 선생님'도 좋아하지 않습니다. 친구는 나와 동등한 위치에 있는 마음이 통하는
사람입니다. 그러나 부모와 선생님은 마음은 통하되 동등한 위치여서는 안 되는
사람들입니다.

　마음을 읽어주고 내 마음을 알아주는 사람으로서의 선생님·부모도 되어야 하지
만 나보다 윗사람, 내가 존경해야 하는 사람으로서의 선생님·부모가 되는 것이
더 중요합니다.

　어른에 대한 행동이 공손하도록 교육받은 아이들은 어른에게 대들거나 어른을
우습게 보는 행동을 하지 않습니다. 또 어른이 어려운 줄 알아야 배우는 것도 많습
니다. 예의범절은 다른 사람과 나의 관계를 부드럽게 하는 매개체입니다. 구식이
고, 고리타분한 것들도 분명 있습니다. 하지만 마음을 담는 그릇으로서 가장 기본
이 되는 예의범절을 가르치는 것은 분명 아이에게 득이 되는 일입니다.

고자질 하는 아이, 어떻게 해야 할까?

교사 생활을 하면서 가장 까다롭고 골머리를 앓는 것 중 하나가 고자질입니다. 고자질이란 다른 아이의 잘못을 야단맞게 하려는 마음으로 윗사람에게 알리는 것입니다. 물론 교사도 사람인지라 30명이 넘는 아이들의 모든 상황을 알지는 못합니다. 그래서 가끔은 고자질로 그 정보를 얻을 때도 있습니다.

하지만 그 고자질로 아이들을 야단치거나 바로잡을 수 없습니다. 만약 그렇게 되면 고자질 한 아이는 다른 사람의 잘못을 이르는 것이 정당하고 좋은 일이라 생각할 테고, 고자질 당한 아이는 그 아이에 대해 앙갚음을 하게 됩니다. 또한 선생님에게도 섭섭해집니다.

그래서 일단은 아이에게 잘못을 해서 알리고 싶은 마음을 알겠다고 이야기합니다. 그리고 다시 한 번 그런 잘못을 선생님이 보게 되면 그때는 내가 바로 잡으마 약속을 합니다. 미봉책입니다. 고자질은 아직도 저에게 숙제입니다. 분명 하지 않는 것이 더 좋은 일입니다.

그래서 딸아이에게는 다른 사람의 잘못을 말하는 것은 좋은 일이 아니라고 가르칩니다. 벌 받기를 바라는 마음은 예쁜 마음이 아니라고 가르칩니다. 하지만 네가 해결하지 못하는 일은 어른들의 도움을 받아야 하고, 그러기 위해서 먼저 그 상황을 해결해 보려는 노력이 필요하다고 이야기합니다.

고자질의 가장 큰 폐해가 떠넘기기입니다. 자기 잘못을 반성하기 보다 일단 다른 사람의 잘못을 얘기해 그 자리를 모면하려고 하는 것입니다. 제 주위의 한 아이는 잘못한 것에 대해 야단을 맞으면 일단 가만히 듣고 있다가 다른 아이도 이렇게 했다고 얘기합니다. 그런 경우에는 그 아이의 얘기를 하는 것이 아니라 너의 잘못에 대해 이야기하고 있다고 말해야 합니다.

그런데 그 아이의 엄마는 "아, 그래서 네가 그랬구나." 하고 그 자리에서 아이의 변호를 다른 사람들에게 합니다. 물론 어떤 상황에서도 아이의 마음을 먼저 읽는 것이 중요합니다. 특히 다른 사람과 있을 때 아이의 편을 들지 않으면 아이는 엄마에게 배신감을 느끼고 고립되어 버립니다.

하지만 잘못된 것은 바로잡아야 합니다. 잠시 자리를 떠나서 단둘이 이야기를 하고 돌아오는 것이 좋습니다. 그리고 그 상황에 대해 엄마가 변호를 하는 것은 아이에게 하나도 득이 될 것이 없습니다.

아이의 잘못을 감추고 싶은 마음은 이해하지만 아이에게 해가 된다면 하지 말아야 하는 잘못입니다. 아이는 무슨 일이 있으면 무조건 다른 사람이 아까 '이랬다'라는 말을 합니다. 어떤 때는 거짓말을 달기도 합니다. 이 아이는 고자질이라는 멋진 방패를 얻은 것입니다. 그럼 그 방패가 치워지기 전까지는 이 아이에게 훈육은 되지 않습니다. 훈육이 시작됨과 동시에 아이의 머리는 어떤 고자질을 해야 할지 움직이고 있으니까요. 잘못에는 대면하는 용기를 가르쳐야 합니다. 책임지는 것도 가르쳐야 아이가 바로 큽니다.

  예의범절은 다른 사람과 더불어 살아가는 가장 기본이 되는 마음이며 기술입니다. 그리고 나를 담는 그릇을 닦는 일이기도 합니다. 요즘은 큰소리로 말해야 이기는 세상입니다. 말 잘하는 것이 미덕이 되고 인정을 받습니다.

  우리 아이들도 그렇습니다. 목청껏 제 소리를 내는 것은 잘하지만 다른 사람의 소리를 듣고, 또 그 소리를 자기 의견과 맞추어 가는 것에는 서툽니다. 많이 들을 줄 아는 아이, 자기의 의견을 똑똑히 말하며 다른 사람의 의견에도 귀 기울일 수 있는 아이로 키워야 합니다.

② 기본 습관 기르기

스스로 하는 법을 가르쳐라

　　　　　1학년 아이들을 보면 스스로 하는 아이들과 그렇지 못한 아이들이 분명히 구분됩니다. 스스로 하는 것을 배우지 못한 아이들은 학교에 와서 해야 하는 일련의 활동들을 아주 힘겨워합니다. 유치원과는 달리 1학년은 들어오면서부터 학생입니다. 아이가 아닙니다. 교사는 활동을 제시하고 아이들을 안내하는 학습 안내자로서의 역할이 많습니다.

　스스로 해야 하는 일이 많아지고, 칭찬받는 일이 아닌 당연한 일들이 됩니다. 의문이 있거나 모르는 것은 선생님에게 가서 물어 봐야 하고, 스스로 활동들을 진행시키지 못하면 하교하기 전 완성하지 못한 활동들이 수북히 쌓이게 됩니다.

　결국 스스로 과제를 해결하지 못하여 자신감이 떨어지게 되고, 수업에 흥미도 잃게 됩니다.

　교사가 도와주는 것은 한계가 있습니다. 유치원이나 어린이집처럼 아이를 보육하는 곳이 아닙니다. 또 그렇게 스스로 하는 것을 배우는 곳이 학교이기도 합니다.

　정리정돈이나 학습 자료를 챙기는 것도 마찬가지입니다. 초등학교에서는 사물함을 교실에 비치해 두고, 매 시간마다 필요한 물품을 꺼내어 사용할 수 있도록 자기 물건을 정리하게 합니다.

　간혹 사물함의 정리 상태를 점검해 보면 재미있게도 아이들의 학습 태도와 비슷하다는 생각을 하고는 합니다. 자신이 매시간 써야 하는 학습 준비물들이 정갈하게 준비되어 있는 아이와 도대체 어디에 무엇이 있는지 찾을 수 없는 아이의 것도 있습니다.

　가끔 부모님들이 학교에 오게 되면, 아이의 사물함을 챙겨 보고 정리를 하려 하지만 저는 아이가 스스로 정리하도록 부탁드립니다. 학교에서도 가르치지만 정리 습관은 집에서부터 해야 하는 것입니다.

　계속 쓰는 물건들이기에 보이기 위한 정리가 아니라 스스로 잘 찾아 쓸 수 있는 정리방법을 익혀야 합니다. 무슨 일이든 많이 해 봐야 몸에 배고 자기 것이 될 수 있습니다.

집에서도 아이가 쉽게 정리할 수 있는 공간을 만들어 주는 것이 좋습니다. 아이의 학습 도구란을 만들어 주고, 그 곳의 정리는 아이들에게 스스로 맡기는 것입니다. 보통 학교에서 쓰는 방법을 교사인 엄마들은 집에서도 많이 씁니다.

예를 들면, 다 쓴 분유통에 시트지를 붙이거나 아이와 함께 꾸며 커다란 필기도구통을 만들어 사인펜, 색연필, 연필 등을 보관하게 하는 것입니다. 세세히 차곡차곡 정리하는 것보다 아이들이 쉽게 정리할 수 있는 방법을 제시하는 것이 좋습니다.

그래서 저는 상자나 바구니를 잘 이용합니다. 만들기 상자, 그림도구 상자, CD 케이스 등 6살이 되면서부터 아이가 자주하는 활동에 대한 준비물을 아이 스스로 챙기게 하였습니다. 물론 아직 어린 동생 때문에 쉽지는 않지만 시작이 반이라 했듯이 천천히 한 걸음씩 하려고 합니다.

내 것에 대한 준비를 아이에게 맡기면 아이는 주인의식을 갖게 됩니다. 물건을 아끼는 마음도 생기고, 또 엄마가 자신을 인정해 주었다는 생각도 갖게 됩니다. 처음에는 서툴지만 하루 하루 익숙해지면 곧잘 하는 것이 아이들입니다.

정리정돈의 필요성은 효율적으로 사용하기 위한 것입니다. 무엇이든 지나치면 독이 됩니다. 강박적인 행동이 나타나는 아이의 뒤에는 정리정돈에 엄한 부모님이 있습니다. 또 놀이가 진행 중에도 계속 장난감을 정리하면 아이들은 놀이를 하면서도 불안해 하고, 다 놀고 나서도 신나게 놀았다는 생각이 들지 않습니다.

어떤 활동이든 충분히 놀고, 놀이가 끝이 난 후 "자, 이제 정리하는 시간이야." 하고 정리 시간을 따로 갖는 것이 좋습니다.

스스로 챙기고 관리하자

학교에서 내는 과제와 준비물, 전달말은 처음부터 아이 스스로 챙기는 버릇을 길러야 합니다. 그러기 위해서 엄마는 아이가 오늘 한 일에 대해 한눈에 확인할 수 있는 장치가 필요합니다.

이 장치는 간단히 부직포에 한 일과 해야 할 일을 구분하여 붙이거나 표를 만들어 아이가 하루하루 작성하게 하는 것으로도 가능합니다. 준비물과 알림장의 점검은 학교를 다녀온 직후에 하며, 평화로운 아침을 위해 해야 할 일은 모두 전날 밤까지 마치는 것이 좋습니다.

또한 학교에서 준비하라고 한 것은 될 수 있으면 꼭 날짜를 맞추어 준비합니다. 학습 준비물일 경우 그 수업을 진행하는데 필수적인 준비물들입니다. 물론 교사가 준비물을 잊고 온 아이들을 대비하여 여분으로 준비하는 경우도 있지만, 자기가 준비해 온 준비물로 활동에 임하는 아이와 그렇지 못한 아이의 학습 성취도는 깊게 생각하지 않아도 큰 차이를 느낄 수 있을 것입니다.

학습 준비물이 제대로 준비되지 않은 아이는 활동에 소극적일 수밖에 없습니다. 이런 상황이 거듭되면 다른 아이들의 인식에도 저 아이는 준비물을 잘 챙겨오지 않는 아이가 됩니다.

자존감은 아이 안에서 생기는 것입니다. 하지만 타인의 시선이 많은 영향을 끼치는 것도 부정할 수 없는 사실입니다. '이것쯤이야.'라고 생각한 것에 아이들이 부끄러움을 느낄 수 있다는 것을 기억해야 합니다.

스스로 계획을 세우고, 지키게 하자

학교를 다녀오면 해야 할 일에 순서를 정하는 것도 좋은 방법입니다. 지금 유치원을 다니는 딸아이의 경우에는 급식판을 정리하고, 전달사항을 엄마에게 전해준 후 손을 씻고, 자기 물건을 정리하는 것까지가 하교 후 첫 번째로 해야 할 일입니다.

다음으로 일주일 계획표를 보고 오늘 해야 할 일을 확인한 후 놀이 중간 중간 어떤 활동을 할 것인지 계획을 세웁니다. 그리고 저녁을 먹기 전까지 그 활동을 모두 끝내고 활동판에 표시하게 합니다. 활동판을 보며 아이는 어떤 활동들을 했는지 알게 되고, 스스로 계획을 세워하는 활동이니 마무리를 한 뒤에 느끼는 만족감 또한 커지게 됩니다.

엄마는 이 활동판을 보며 "~는 벌써 끝냈구나, 이제 ~만 남았네." 정도의 말로 아이가 해야 할 일에 대한 관리감독을 할 수 있습니다. 아이 또한 스스로 해야 할 일을 마칠 수 있게 됩니다.

이런 과정 속에서 아이는 스스로 활동의 주체자 역할을 배우게 되고, 다른 보상이 없더라도 스스로 계획한 것을 다 마쳤다는 만족감에 충분한 보상을 느끼게 됩니다.

스스로 하는 법을 익히고 학교에 들어온 아이들은 예상치 못한 상황에서 대처능력이 뛰어납니다. 어떤 상황에 부딪치면 해결방법을 먼저 생각합니다. 하지만 과잉육아로 키워진 아이들은 생각하기 전에 어른을 먼저 찾습니다. 스스로 해결하려는 시도조차 하지 않습니다. 시도는 또 다른 시도를 낳고, 그 경험들이 쌓여 아이를 크게 합니다.

하교 후 생활계획표

확인	할 일	기타 내용
☐	알림장 점검	
☐	과제하기	
☐	독서	책 제목, 독서기록장 기록
☐	준비물 챙기기	
☐	일기쓰기	
☐	자유활동	요일별 자유활동 기록(보드게임, 블록, 가베 등)
☐	TV시청	
☐	컴퓨터 사용	
☐	피아노 연습	진도표 작성
☐	내일 입을 옷, 가방 챙기기	

방임과 자율은 다르다

　　　　　아이가 스스로 하는 힘을 키우기 위해서는 선택의 바다에 팽개쳐져서는 안 됩니다. 그것은 자율적인 태도를 키운다기 보다 방임이 된다는 것을 꼭 기억해야 합니다. **아이가 스스로 하는 힘을 키우기 위해서는 선택의 범위를 정하고, 아이가 자랄수록 그 선택의 범위를 넓혀야 합니다.**

　아이가 어릴 때는 부모가 정해주는 것이 맞습니다. 적어도 3살 전 아이에게 선택은 큰 의미가 없습니다. 오히려 아이에게 불안감을 느끼게 하고 규칙적인 생활 태도를 익힐 수 없게 합니다. 어린 아이에게 울타리란 자유로움을 구속하는 존재라기 보다 해야 할 일과 해서는 안되는 일을 알게 하여 안정감을 느끼게 하고, 사회생활을 위한 필수적인 요소를 익히는 기준이 됩니다. 그 울타리는 아이의 성장에 맞추어 조금씩 수정되며, 바르게 선택하는 법을 부모에게서 배우게 됩니다.

　바르고 일관된 부모의 양육이 아이의 평생을 좌우합니다. 선택할 수 있는 범위는 아이의 성장에 맞추어 폭을 넓혀 주는 것이 좋습니다. 이런 과정을 통해 아이는 스스로 결정할 수 있는 힘이 생깁니다.

　위에서도 언급한 것처럼 아이의 선택이 언제나 옳지는 않습니다. 어른들도 그렇지만 아이들이 한 선택은 더욱 많은 시행착오를 거치게 됩니다. 그러므로 선택에 대한 평가는 하지 않는 것이 좋습니다.

　자율성은 스스로 판단하고 책임지는 것을 배우는 과정입니다. 자신의 판단에 의한 실수는 본인에게도 많은 생각을 하게 합니다. 아이들도 다르지 않습니다.

사소한 실수나 판단에 대한 의도하지 않은 결과에 대해 빈정대거나 "엄마가 말했잖아."로 받아들이면 아이는 작아질 수밖에 없습니다. 스스로 판단해야 할 때 "엄마가……." 하고 미루게 됩니다. 사소한 실수는 넘어가는 여유가 필요합니다. 때로는 위로도 필요없습니다. "그랬구나." 정도로 담담하게 넘어가는 부모님이 제 기억엔 더 고마웠습니다.

자율은 방임과 다르며, 부모의 통제가 필요합니다. 하지만 아이는 부모의 통제를 몰라야 합니다. 일단 아이의 선택에 맡길 사안은 아이가 잘못된 선택을 하더라도 다른 사람이나 아이에게 해가 없는 것이어야 합니다. 예를 들면, 먹거리의 종류나 입는 옷 등의 사소한 것들입니다. 이러한 것을 선택하게 할 때도 불필요한 충돌을 막기 위해 통제해야 할 것을 미리 말해 주어야 합니다.

딸아이는 유치원에 입고 갈 옷을 직접 고릅니다. 아침이 신나야 하루가 신날 수 있다고 믿기 때문에 될 수 있으면 아이의 의견을 따라 주려 합니다. 하지만 가끔 날씨가 말썽을 부려 아이의 선택이 날씨와 너무 맞지 않을 때는 "엄마는 ~해서 그 옷이 추워 보이네. 안 추우려면 위에 무엇인가 하나 더 입는 게 좋겠다."라고 의견을 이야기 합니다.

엄마의 의견을 수렴하고 자기의 의견을 고치는 것도 배움입니다. 여러 차례 시행착오 속에서 아이는 스스로 생각하는 힘을 키우게 됩니다.

아이의 선택을 인정하자

　　　　결과와는 상관없이 아이의 노력에 대해서는 인정해 주는 말을 해야 합니다. 대부분의 경우 칭찬보다 감탄과 인정의 말이 훨씬 아이에게 도움이 된다고 생각합니다.

애매모호한 칭찬은 다른 도전에 대해 움츠려들게 하고, 칭찬받지 못하는 것은 시도조차 하지 않으려는 마음이 생깁니다. 그러나 나아진 점을 칭찬하면 아이는 노력에 대한 인정을 받아 그 자리에 머무르지 않고 점점 앞으로 나아가게 됩니다.

자율성을 키우는 가장 좋은 방법 중 하나가 끝까지 말을 들어주는 것입니다. 아이가 스스로 생각하고 말하는 것을 어른들은 기다려 주지 못하는 경우가 많습니다. 아이는 유창하게 자신의 선택에 대해서 설명을 하거나 자신을 변호하기 어렵습니다. 하지만 자신만의 언어로 이야기하려 애씁니다. 이때 우리 부모들은 그 노력에 끝까지 눈을 맞추고 들어주어야 합니다.

아이를 키우면서 여러 엄마들을 만났습니다. 옛날보다는 아이의 의견에 귀를 기울이려 합니다. 하지만 방법이 틀린 것을 많이 보게 됩니다. 아이의 의견을 구하지 말아야 하는 일에 아이의 의견을 묻거나 아이의 선택을 부정하는 경우가 그렇습니다. 더욱 안타까운 것은 아이의 선택에 실망한 모습을 보이거나 아이의 말을 건성으로 듣는 경우입니다. 또, 아이가 말을 끝내기 전에 "~하고 싶다고?" 하고 엄마의 언어로 말하는 경우입니다.

이것은 아이가 성장할 기회를 빼앗는 것입니다. 아이는 경험하면서 큽니다. 아

이의 이야기에 정성스럽게 반응하고 깊이 생각하며, 기다려 주는 부모 밑에서
아이는 스스로 생각하는 힘을 기르고, 또 그 힘을 믿게 됩니다.

③ 바르게 듣고, 똑똑하게 말하기

발표를 많이 하는 아이와 잘 하는 아이의 차이

발표를 많이 하는 아이와 잘 하는 아이는 다릅니다. 특히 저학년일 경우에는 더욱 그렇습니다. 의욕이 넘치는 저학년인 경우 답을 몰라도 손을 드는 경우가 허다합니다. 일어나서 얘기하면 전혀 다른 답을 이야기하지만 일단 발표를 하려 합니다. 다른 사람 앞에서 말하는 것이 즐거운 것입니다.

물론 저학년의 경우 답이 있는 질문보다 답이 없는 자기만의 생각을 말하는 질문들이 더 많습니다. 질문이 그러하니 아이들의 답이 엉뚱하더라도 일단 발표한 것에 초점을 두고 교사는 칭찬합니다.

때때로 제법 멋진 답을 이야기하는 아이도 있습니다. 이런 아이들은 의욕도 충만하지만 무슨 말을 할 것인지, 틀린 부분은 없는지 제법 깊이 생각하고 자신의 언어로 표현합니다.

발표를 잘 하기 위해서는 많은 연습과 많은 시도를 통해 생각하고 표현하는 방법을 배워 자신감을 키워야 가능합니다.

초등학교 5학년까지 오고가는 성적표마다 '내성적'이라는 단어가 빠지지 않았습니다. 그런 제가 내 의견을 말하는 것이 얼마나 멋지고 즐거운 일인지 느낀 순간이 있었습니다.

6학년 학급회의 때, 제법 격렬했던 토론을 듣다가 해결방법이 생각났습니다. 그리고 마음속에서 이것을 말하고 싶은 기운이 넘쳤던 기억이 아직도 생생합니다. 조심스럽게 손을 들고 발표 기회를 잡았습니다. 의견을 간단히 말하고 앉는데 아이들이 박수를 쳐주었습니다. 내 의견을 인정받는다는 것이 어떤 느낌인지 그때 알았습니다.

그 후부터 무엇인가를 생각하고 말하는 것이 즐거워졌습니다. 멋진 발표를 하기 위해 준비를 하기도 하고, 수업 시간에 선생님께서 물어 보실 것을 정리해 보기도 했습니다.

그러나 발표를 많이 하는 아이가 발표를 잘 하는 아이가 되기 위해서는 계속적인 시도만으로는 불가능합니다. 더 중요한 것은 다른 사람의 발표를 잘 듣는 것입니다. 발표를 했다는 것에만 의미를 두고 다른 아이가 말하는 것을 듣지 않으면 아이들은 발표하는 기술이나 생각하는 법을 배우지 못합니다. 말을 하는 방법과 다른 사람의 말을 듣는 방법을 함께 가르쳐 주어야 합니다.

　　　　　아이의 말소리가 작거나, 다른 사람 앞에서 쭈뼛거리는 것을 속상해 하는 부모님들이 많습니다. 말하기는 자신감 또는 자존감과 관련이 깊으며, 리더십과도 관련되어 있습니다.

　여러 사람 앞에서 자신이 말하고자 하는 바를 똑똑하게 말할 수 있는 아이로 키우기 위해서는 다음 다섯 가지를 지키려 노력해야 합니다.

　첫째, 아이에게 무안을 주지 말아야 합니다. 아이가 쭈뼛거리거나 말소리가 작아 마음에 차지 않더라도 아이가 시도한 것을 인정해 주고, 모자란 것에 대해 직접적인 표현을 해서는 안 됩니다. 특히 다른 사람들 앞에서 지적하는 것은 아이의 사기를 꺾고, 자신감을 잃게 만듭니다. 그보다는 "목소리가 많이 씩씩해졌구나." "멋진 생각이네. 그런데 주위가 시끄러워서 잘 안 들렸어. 큰소리로 한 번 더 얘기해 줄래?" 등의 말이 아이에게 도움이 됩니다.

　둘째, 부모와 같이 있을 때 아이의 생각을 말할 기회를 많이 줍니다. 아이의 의견을 듣지 않거나, 부모의 기분에 따라 일관성 없이 대하는 권위적이고 독재적인 부모 밑에서는 아이가 자신의 의견을 표현하는 방법을 배우지 못합니다. 적어도 의견을 물어 보았을 때는 그 의견을 존중해주는 자세를 취해야 합니다. 제대로 듣지 않고, 무시하는 태도는 아이의 입을 닫게 하는 가장 좋은 방법입니다.

　셋째, 평상시에도 큰소리로 똑똑하게 말하는 버릇을 기르게 합니다. 학교에서 제일 먼저 가르치는 발표 방법이 끝까지 말하기입니다. 많은 아이들이 하고자 하는 말을 잘 끝맺지 못합니다. 말끝이 흐리면 의견을 말할 때 힘이 실리지 않습니다. 또 작게 말하는 것도 마찬가지입니다.

이런 습관을 고치기 위해서는 아이가 말을 할 때 아이와 눈을 맞추며 "잘 안 들리네. 엄마를 보고 다시 크게 말해 줄래?" 처럼 똑똑히 말할 수 있도록 유도해 주어야 합니다. 또 아이가 가끔 무엇을 달라고 할 때 "우유……." 하고 말을 맺지 않을 때가 있습니다. 그럴 때는 아이가 말을 이을 수 있도록 가만히 기다려주면 "주세요."로 말을 끝맺습니다.

어떤 부모는 아이의 말하는 속도를 답답해 하며 아이의 뒷말을 대신 끝맺어 줍니다. 말하는 것도 연습입니다. 부모가 대신 말을 맺어 주면 그 아이는 계속 똑똑히 말하기를 연습할 수 없게 됩니다. 아이를 향한 기다림은 더 큰 그릇으로 만들기 위한 과정입니다.

넷째, 아이와의 대화에 교훈을 넣어서는 안 됩니다. 가끔 남편과 대화를 하다 보면 벌컥 화증이 날 때가 있습니다. 오늘 재밌었던 일에 대해 얘기하고 있는데, 갑자기 남편이 "~ 하면 더 좋잖아." 하고 충고의 말이 섞이면 저도 모르게 변명하게 되고, 화가 나기 시작합니다.

심리학자의 말을 빌리자면 남자 언어, 여자 언어의 차이 때문이라고 합니다. 이런 의견을 아이와 부모의 대화에 적용시키면 아이와의 대화는 여자 언어로 해야 합니다. 그저 수다를 떨며 공감해 주고, 해결방법을 묻기 전에는 섣불리 '~ 하는

게 좋아.' 같은 의견을 내지 않습니다. 남자들은 자기에게 얘기하는 이유가 조언을 구하기 위해서라고 생각합니다. 그래서 맹렬히 더 좋은 방법을 생각해 내고 제시하려 합니다.

아이들에게도 공감하는 대화가 필요합니다. "그랬구나." "속상했겠네." 등의 맞장구가 아이들에게서 대화를 이끌어냅니다. 무엇인가를 조언해 주고 싶으면 꾹 참고 기억해 두었다가 시간이 좀 지난 뒤에 아이와 다시 이야기하는 것이 좋습니다. 신나려고 얘기한 말에는 아무리 좋은 말투의 충고도 달갑지 않습니다. 아이의 말에 귀 기울이고, 고개를 끄덕이며 가끔은 '와' 하고 감탄하는 부모의 얼굴이 발표 잘 하는 아이를 만듭니다.

다섯째, 발표하는 시간을 만듭니다. 책 소개도 좋고, 이야기나 노래를 부르는 것도 좋습니다. 처음에는 짧은 것으로 시작하여, 나중에는 자기가 연출하고 준비해서 작품을 발표하는 것도 좋은 방법입니다.

앞에 나서서 다른 사람을 마주하고 자기를 표현하는 것은 아이에게 발표력을 향상시킬 수 있는 가장 커다란 기회가 됩니다. 이와 같은 꾸준한 연습은 아이에게 다른 사람 앞에서도 당당하고 자신있게 말할 수 있는 자신감을 키워줄 것입니다.

4 집중력 기르기

청각적 주의력과 시각적 주의력

집중력은 청각적 주의력과 시각적 주의력으로 나눌 수 있습니다. 시각적 주의력이 좋지 않으면 글자나 그림을 제대로 이해하거나 집중하지 못합니다. 학습적인 부분을 생각한다면 아주 치명적인 것입니다.

분명 눈길은 칠판에 가 있으나 아이의 머리로는 전달이 되지 않습니다. 시험에서 어이없는 실수를 많이 하는 아이도 시각적 주의력이 떨어진다고 보면 됩니다. 책을 소리내어 읽을 때도 마음이 급하여 책에 쓰여진 대로 읽지 못하고, 문장의 말미가 바뀌거나 다르게 읽는 아이들도 시각적 주의력에 문제가 있는 아이들입니다.

청각적 주의력이 낮으면 수업 시간에 전달하는 교사의 말을 제대로 이해하지 못하며, 엄마의 심부름이나 사소한 전달사항도 제대로 수행하지 못합니다. 또 외부 소리의 자극에 약하기 때문에 활동 중에 다른 소리가 조금만 들려도 집중력이 떨어지게 됩니다.

집중력이 뛰어난 아이들은 주변 환경부터 그렇지 못한 아이들과 많이 다릅니다. 일단 수업 시간에 필요없는 자극을 줄 만한 것을 올려놓지 않습니다. 집중력이 떨어지는 아이들의 책상은 그야말로 시장바닥입니다. 전 시간에 공부했던 책들이 아직 펼쳐져 있고, 쉬는 시간에 했던 활동들과 심지어 점심시간이 다가오는데도 자습 시간에 하던 공책들이 펼쳐져 있는 아이들도 있습니다.

다른 과제로의 전환이 되지 않는 것입니다. 정리하라는 교사의 말에도 얼른 정리하지 못합니다. 또 시험 문제를 읽을 때 끝까지 읽지 못하고 답을 쓰는 경우도 많습니다. 그러니 학교에서 가정에 알려야 하는 알림문을 제대로 전달하지 못하는 것은 당연합니다. 과제의 완성도도 같은 시간에 활동한 다른 아이들에 비해 현저히 떨어집니다.

이에 비해 집중을 잘하는 아이는 교사의 말을 잘 기억하고 제대로 이해합니다. 심지어는 흘려지나듯 한 말도 기억하고 있습니다. 자신이 해야 할 과제를 이행할 때 흔들림이 없고, 적어도 10분 정도는 온 힘을 다해 과제를 수행할 수 있습니다.

물론 자기가 좋아하는 것이나 재미있는 것을 할 때와 그렇지 못할 때의 차이는 있습니다. 그러나 자기가 해야 할 일에 대해 머릿속에 체계가 잡혀 있으므로 과제나 준비물을 스스로 잘 챙기고, 문제가 아무리 복잡해도 끝까지 읽고 생각을 정리합니다.

주의력이 약한 아이에게는 동기 유발이 잘된 활동이나 스스로 흥미있어 하는 활동이 집중력을 강화시킬 수 있습니다. 부모의 관심이 가장 중요합니다.

집중할 수 있는 환경을 만들자

집중력을 키우는 방법은 다양하게 접근할 수 있습니다. 우선 집중력이 좋지 못하다고 생각하는 아이에게는 말을 짧게 해야 합니다. 그리고 중요한 말을 앞에 두는 두괄식으로 말을 해야 합니다.

과제를 내거나 해야 할 일을 제시할 때도 많은 말 대신 "~을 할 시간이야." 정도의 짧은 말이 좋습니다. 또한 충분히 수면을 취하고, 적당한 운동과 스트레칭도 집중력 강화에 좋은 방법입니다.

또 공부하는 환경을 적절하게 바꾸어 주는 것도 좋습니다. 다른 사람에게 방해받거나 감시 받는 느낌을 줄여 아이가 안정감을 느끼도록 해야 합니다. 그래서 방보다는 방해 요소(TV, 컴퓨터)가 없다면 거실에서 과제를 수행하는 것이 집중력이 낮은 아이에게는 훨씬 집중할 수 있는 환경이라고 생각합니다.

문을 등진 채 벽을 보고 놓인 책상은 집중하기 힘든 환경입니다. 소리에 예민해지고, 다른 생각을 하기에 적합한 배치이기도 합니다. 아이의 학습 태도를 볼 수 있는 공개된 장소에서 아이의 학습 태도가 오히려 더 좋습니다. 아이의 집중력을 향상시키기 위해 환경을 만들어 주어야 합니다.

어떤 활동을 수행할 때는 방해가 되는 소리는 들리지 않도록 하고, 아이가 과제에 집중할 수 있도록 말을 시키거나 집중을 흐트러뜨리는 행동을 하지 않아야 합니다. 주위의 환경 또한 과제에 필요하지 않은 것들은 보이지 않게 하는 것이 도움이 됩니다.

요즘 몇몇 학교에서 시행하고 있는 '0교시 체육'에서 수업 전 간단한 체육 활동이 아이들의 몸과 마음을 이완시키고, 학습 성취도를 현저히 증가시킨다는 결과가 보고되고 있습니다. 그런 이유로 아이들이 아침에 몸을 많이 움직일 수 있게 하려고 노력합니다.

또한 집중력 강화를 위해서는 아침밥도 필수입니다. 씹는 활동을 통해 뇌가 깨어납니다. 아침에 일어나면 아이가 해야 할 일을 마치고, 5분이라도 몸을 움직일 수 있는 놀이를 합니다. 이런 활동이 뇌를 활성화 시키고, 하루를 즐겁게 시작할 수 있게 하는 것입니다. 시간에 급급해서 밥도 제대로 먹지 못하고 잠에서 덜 깬 상태로 유치원에 간 날은 아이의 컨디션이 좋지 않다는 것을 느낍니다.

학교에서도 마찬가집니다. 일찍부터 활기찬 아이들이 있고, 거의 점심시간이 다 가도록 잠에서 깨지 못한 듯 몽롱한 아이들이 있습니다. **충분한 수면과 간단한 체조 그리고 제대로 된 식사가 아이의 하루를 즐겁고 성공적인 날로 이끕니다.**

놀이로 집중력을 키우자

집중력을 키우는 놀이도 많이 있습니다. 그중 딸아이와 즐겨하는 활동은 보드게임입니다. 메모리카드놀이도 아이의 집중력과 기억력을 키우는데 좋습니다. 3살이 된 둘째 아이와도 메모리카드놀이를 자주합니다. 처음에는 모든 그림을 펼쳐놓고 그림을 찾는 활동으로 시작하여 점점 카드 개수를 늘려가며 아이의 수준에 맞도록 진행하는 것이 제일 중요합니다.

게임은 즐거워야 집중할 수 있습니다. 아이에게 어려우면 집중도는 현저히 떨어지게 됩니다. 퍼즐, 가베 쌓기, 블록 놀이 등도 집중력 향상에 좋은 활동들입니다. 집중력을 키우는 교재나 교구는 많습니다. 많은 교구를 접하는 것도 좋은 방법이지만 적당한 시간동안 알맞은 수준의 놀이를 통한 집중력 강화 훈련이 가장 필요합니다.

그러나 컴퓨터를 이용한 활동들은 그다지 좋아하지 않습니다. 물론 그만의 장점이 있긴 하지만 그에 따른 부작용이 더 많은 활동들이기 때문입니다. 오히려 다른 사람과 상호작용을 할 수 있는 놀이, 자기를 표현할 수 있는 놀이가 아이들을 키울 수 있다고 생각합니다.

어떤 활동이든 아쉬움을 남겨두는 활동이 다음 활동에 기대감을 갖게 하고 내적 동기를 부여하게 됩니다.

그래서 아이가 흥미를 가지고 놀이를 할 수 있는 시간을 미리 계산한 후 그 시간 안에 놀이가 끝나도록 계획합니다. 하지만 갑자기 활동을 중지하는 것은 아이

에게 놀이를 정리하는 과정을 경험하지 못하게 합니다. 정리하는 시간을 갖고 활동을 끝내는 것이 좋습니다.

아이들은 기질에 따라 즐거워 하는 놀이가 따로 있습니다. 퍼즐이나 블럭을 좋아하는 아이, 게임을 하는 것이 흥미로운 아이, 음악을 연주하는 것이 좋은 아이 등 집중력을 키우는 방법은 아이가 좋아하는 것을 찾는 것에서 시작됩니다.

또한 몸으로 하는 것이 좋은 아이는 과제를 온 몸을 움직일 수 있게 하는 것이 효과적입니다. 몸을 가만히 둔다고 해서 무조건 집중력이 높은 것은 아닙니다. 자기가 하고 있는 일에 몰두하는 것, 그런 시간이 많아질수록 학업에서의 집중력도 높아질 수 있습니다.

6장

무엇을 준비할 것인가?

① 학교 준비물, 무엇을 준비할까?

초등학교 거의 대부분이 개인사물함을 마련하고 있기 때문에 학습 도구들은 사물함에 비치하게 됩니다. 학교에 입학하기 전 필요한 것들은 예상하는 것들과 크게 다르진 않지만, 그래도 학교나 학급마다 차이가 있으므로 천천히 준비해도 괜찮습니다.

준비할 때는 될 수 있으면 교사가 제시한 기준에 맞는 것을 준비하는 게 좋습니다. 그리고 지나치게 값이 비싸지 않은 것, 아이가 혼자 관리하거나 사용하기 편한 것이 좋습니다.

미리 준비해도 좋아요

가방 가볍고 아이가 들기 편한 것이면 됩니다. 부모님 마음에 드는 가방도 좋지만 아이가 마음에 들어 하는 가방이 더 좋지 않을까 합니다. 너무 비싸거나 문제가 되는 것이 아니라면, 입학하는 아이의 마음을 두근거리게 할 수 있는 가방을 마련하는 것도 아이에게 학교에 대한 기대를 키우는데 한 몫 하리라고 생각합니다.

편하고 밝은 색의 옷 활동하기에 편하고, 혼자 화장실 다니기에 편한 옷을 입는 것이 좋습니다. 아이들이 학교에서 가장 힘들어 하는 것 중 하나가 화장실 사용입니다. 사설 유치원에 비해 시설이 좋지 못하거나 특별한 일을 제외하고는 정해진 시간에만 화장실을 이용하기 때문입니다. 또 용변이 급한 아이가 벗기 불편한 옷 때문에 종종 실수하는 경우도 있습니다.

특히 저학년의 경우 사인펜, 색연필, 크레파스, 풀 등을 거의 매시간 사용하기 때문에 옷에 신경을 쓰다 보면 제대로 된 활동을 못한다거나 또는 엄마에게 꾸중 들을 것이 걱정되어 우는 아이들도 많습니다. 아이가 편히 마음껏 놀 수 있는 옷이이 좋은 옷입니다.

신발 비싼 신발이나 새 신발을 학교에 신고 오는 것을 권하지 않습니다. 학교에는 외부 사람들이 자유롭게 드나들 수 있습니다. 그래서 비싼 신발이 간혹 도난당하는 일이 일어나기도 하고, 아이들이 장난으로 숨기거나 충동적으로 가져가기도 합니다. 흔한 경우는 아니지만 그래도 겪으면 유쾌한 일이 아니니 조심하는 것이 낫습니다.

또 초등학교 1학년 첫 달에는 학교 탐방을 많이 합니다. 아이들의 긴장을 풀어주기 위해 날씨만 허락된다면 거의 하루에 한번씩은 학교 안을 구경하거나 산책을 하는 간단한 활동들을 하게 됩니다.

그러니 특별한 예고가 없더라도 운동화를 신는 것이 편하며, 끈이 있어 풀리거나 목이 길어 신는데 시간이 많이 걸리는 것은 불편합니다. 혼자 편하게 신을 수 있는 신발, 신는데 시간이 많이 걸리지 않아 준비하기에 용이한 신발을 선택하는 것이 좋습니다.

실내화 실내화는 꼭 미끄럽지 않은 것인지 확인해야 합니다. 요즘 학교 대부분이 마루로 된 바닥이 아닙니다. 물기가 있거나 계단에서 미끄러져 다칠 수 있으므로 아이에게 너무 큰 신발이나 캐릭터 위주로 되어 있어 밑창이 미끄러운 신발 등은 피하는 것이 좋습니다.

천천히 준비해도 좋아요

공책 알림장을 제외하고 공책 사용은 교사에 따라 많이 다릅니다. 사용하는 시기도 다르고, 생각보다 공책의 종류도 다양합니다. 초등학교 1학년 과정에서 많이 사용하는 공책은 위로 넘기는 종합장, 알림장, 칸 공책, 받아쓰기 공책 등 교사가 구성하는 학급 모습에 따라 사용하는 시기, 종류가 조금씩 달라집니다.

물론 크게 문제되는 것이 아니라면 교사가 그냥 사용하라고 하겠지만, 1학년의 경우 교사가 제시한 그대로 학습이 이루어지므로 교사가 10칸에 맞춰 제시한 텍스트를 12칸에 연습하는 것은 아이에게 수월치 않습니다.

학교에서 준비물을 얘기할 때도 대부분 이틀 이상의 준비기간을 줍니다. 특히 1학년은 더 그렇습니다. 안내장으로 적어도 1주일 정도의 준비기간을 주게 되므로 그때 천천히 준비해도 됩니다.

초등학교 1학년의 경우 학교에 대한 안내, 학급 안내, 각종 신청서 등 많은 프린터물이 나갑니다. 직접 아이들이 가방에 챙겨 넣어야 합니다. 어떤 아이들은 프린터물을 거의 휴지처럼 쑤셔 넣기도 하고, 잃어버리는 아이도 많습니다.

1학년 아이들에게는 알림장 제일 뒷장에 A4 크기의 종이를 넣을 수 있는 두꺼운 비닐파일을 고정시켜 달고 다니게 했습니다. 프린터물을 받자마자 그 안에 보관하면 잃어버리거나 훼손되는 일은 거의 생기지 않습니다.

 연필은 하루에 4~5자루 정도 필요한데, 어떤 교사는 연필 개수도 정해 줍니다. 가끔 어머님들이 너무 융통성없이 획일적으로 아이들에게 준비를 시키는게 아니냐고 하는 분들도 있습니다. 그러나 교사의 입장에서 말씀드리면 1학년 아이들에게는 정확한 개수와 종류까지 지정해 주어야 혼란이 덜 생깁니다. 유치원처럼 학습에 필요한 것을 교사가 개개인마다 준비해 주거나 안내하기는 현실적으로 불가능하기 때문입니다.

그리고 스스로 하는 것을 배우는 곳이 학교이기 때문에 유치원 7세반 보다 더 아이들에게 정확하고 세심하게 일러주어, 스스로 준비하고 활동할 수 있도록 만들기 위함이라 생각합니다.

연필깎이는 거의 대부분 교실에 비치되어 있습니다. 아이들에게 연필 깎는 방법을 어느 정도 연습시키는 것도 도움이 됩니다.

필통은 어느 종류든 상관없지만, 아이들이 다치지 않고 칼이나 그 외 불필요한 것들이 포함되어 있지 않은 것이 좋습니다. 또 가볍고 소리가 시끄럽게 나지 않아야 합니다.

연필에는 하나하나마다 모두 이름을 붙이도록 지도해야 합니다. 유치원은 대부분 연필, 색연필, 사인펜 등을 같이 사용합니다. 반에 따라 초등학교에서도 그렇게 사용하는 교사도 있습니다.

아이들이 소홀하게 관리하기 쉬운 것이 연필, 사인펜, 색연필입니다. 아이들이 떠난 교실에 가장 많이 떨어져 있고, 또 주인이 잘 찾으러 오지 않는 물건들입니다. 아이에게 자기 물건을 소중히 다루는 법을 가르쳐 주기 위해 대부분의 교실에서는 각자 물건마다 꼭 이름을 붙이도록 지도하고 있습니다.

이름표를 쉽게 만들기 위해서는 라벨지를 이용해 파일에 붙이는 것, 공책에 붙이는 것, 또는 색연필 등 필기도구에 붙이는 것 등 세 종류의 크기로 이름표를 출력하여 붙이는 것도 방법입니다.

그림도구와 만들기 도구 사인펜, 색연필, 크레파스는 꼭 필요한 학습도구이지만 교사에 따라 또 학교에 따라 준비해야 하는 종류가 다를 수도 있습니다. 즉, 사물함에 잘 들어가지 않는 크레파스나 그림도구들은 아이가 관리하기 힘듭니다.

물감, 파레트, 붓 등의 채색 도구들도 급하지 않습니다. 보통 물감류는 적어도 1~2달이 지나 학습 분위기가 어느 정도 정돈된 다음에 사용하는 경우가 많습니다.

크레파스는 색이 많은 것이 오히려 아이들이 그림을 그리는데 방해가 될 수 있습니다. 지나치게 많은 색으로 그려진 그림을 좋은 그림으로 보지 않는 이유도 있지만 개인 책상에 도화지와 크레파스까지 올려놓아야 하기에 너무 큰 크레파스는 아이가 감당하기 어렵습니다. 또 아이들은 선호하는 색만 쓰는 경향이 있기 때문에 종류가 많은 크레파스는 그다지 좋지 않습니다.

색종이
색상돌코너
알뜰상품코너
Kid
스티

특별히 지시 사항이 없을 경우에는 사인펜과 색연필은 12색 정도로 하여 너무 굵거나 얇지 않은 것으로 아이들 손에 부담없이 쥐어지는 것이 좋고, 색연필은 발색력이 우수하고 아이가 사용하기 쉬운 것이 좋습니다. 크레파스는 보통 24색 이하의 것을 사용하는 것을 권장합니다.

스케치북은 천천히 준비해도 됩니다. 보통 학교에서는 자르거나, 변형시키기 쉬운 도화지를 많이 사용합니다. 스케치북은 아이들이 관리하기에 쉽지 않으므로 도화지를 한 번에 몇 묶음을 사서 교사가 보관하며 필요할 때마다 나눠주는 방법을 씁니다.

그 외의 학습도구 필요할 때마다 교사의 안내가 있을 것입니다. 앞에서 말했듯이 제법 긴 시간을 준비할 수 있도록 안내합니다. 또, 학교 자료실이나 교사도 여분의 준비물을 가지고 있습니다. 하루 이틀 늦어진다고 해도 크게 수업에 지장이 되는 것은 별로 없습니다.

하지만 너무 늦어진다면 아이가 위축될 수도 있고, 준비물이라는 건 내가 준비하지 않아도 되는구나라는 인식을 가질 수 있으므로 될 수 있으면 교사가 제시한 기간 안에 준비해 주는 것이 좋습니다.

학교 앞 문구점을 적극 활용하자

준비물에 대해 잘 모를 때는 교사에게 직접 물어도 괜찮습니다. 1학년은 그런 경우가 제법 잦기 때문에 아이가 미처 전달하지 못한 것을 교사가 보충 설명해 드릴 것입니다.

교사에게 묻기가 꺼려지면 학교 앞 문구점에 가서 직접 보고 설명을 듣는 것도 좋습니다. 학교 앞 문구점 주인들은 전문가입니다. 어느 시기에 어떤 것이 필요하고, 어떤 것이 맞는지 대부분 정확히 알고 있습니다. 더 저렴한 가격에 살 수 있는 것은 직접 문구점에서 어떤 종류인지 확인하고 개인적으로 구입해도 괜찮습니다.

저도 특별한 준비물이 필요할 때는 가끔 학교 앞 문구점에 가서 가격과 구할 수 있는지를 문의합니다. 아마 다른 교사들도 다르지 않을 것이라 봅니다. 대부분의 교사가 학교에 다니는 아이들이 가장 많이 이용하는 곳에서 쉽게 살 수 있는 준비물을 구할 수 있게 배려합니다.

부모님 두 분이 모두 직장에 나가서 준비물을 챙길 수 있는 시간이 넉넉지 않은 경우에는 가까운 문구점에 이야기하여 선불제나 후불제를 하기도 합니다. 아이가 혼자 준비물을 사야할 경우 돈을 들고 다니는 것이 위험하기도 하고, 별로 좋지 않기 때문에 좋은 방법이라 생각합니다.

아침 시간에는 문구점이 정말 혼잡합니다. 될 수 있으면 준비물은 오후에 준비하는 것이 좋습니다.

② 아이, 무엇을 준비할까?

화장실을 혼자 다닐 수 있어야 한다

1학년을 맡았을 때, 한 아이가 수업종이 울렸는데도 교실로 돌아오지 않아 찾아보니 화장실에서 혼자 울고 있는 경우가 있었습니다. 대변을 보았는데, 휴지로 혼자 처리하지 못해 끙끙거리다가 결국 어찌할 줄을 몰라 울고만 있었던 겁니다. 닦는 법을 모르냐고 물었더니 비데가 없어 어떻게 해야 할지 모른다고 하더군요. 그런데 이런 일이 제법 많습니다. 뒤처리를 하지 못하는 아이들이 학기 초마다 꼭 있습니다.

갓 입학한 1학년에게는 그래도 많이 너그러워 교사들이 도와주기는 하지만 35명에 가까운 아이들을 혼자 통솔하고 있는 교사가 수업 시간에 화장실을 왔다 갔다 하기에는 무리가 있습니다. 또 당연히 배워야 하는 시기이기도 합니다.

화장실에서 뒤처리하는 방법은 물론이고, 돌발적인 상황에 대한 대처도 아이와 함께 이야기를 나누어 보는 것이 필요합니다. 가장 많은 경우가 소변을 보러 왔다가 대변을 보는 경우와 너무 급해서 옷에 실수를 하는 경우입니다. 미처 휴지를 챙겨 오지 않았을 때 친구나 선생님을 부르는 것도 직접 이야기를 나누어 아이에게 알려 주어야 합니다. 부끄럽거나 교사가 어려워 앞의 아이처럼 그저 끙끙거리고만 있을 수 있습니다.

아이들의 장은 민감해서 가끔 속옷에 실수를 하기도 합니다. 그런데 문제는 계속 그 속옷을 입고 있으면 냄새가 아주 심하다는 것입니다. 또 다른 아이들의 놀림감이 될 수도 있습니다. 저는 유치원에 아이를 보낼 때, 혹시 소변이 속옷에 묻거나 하면 선생님께 말씀드리고 갈아입을 수 있도록 여분의 속옷과 옷을 챙겨 보냈습니다.

1학년 아이들에게 용변 실수는 흔한 것입니다. 아이들에게 아프거나 어떤 활동에 너무 집중해 있으면 누구나 그런 실수를 할 수 있다고 얘기합니다. 그리고 실수를 했을 때는 꼭 저에게 와서 이야기 하고 정리를 할 수 있도록 유도합니다. 대부분의 교사가 그렇게 합니다.

가끔은 실수를 한 아이보다 그 부모님들이 너무나 심각한 모습으로 "전혀 그런 실수를 하지 않는 아이인데 왜 그랬을까요?"라며 상담을 하기도 합니다. 부모님께서 신경을 쓰거나 큰 일로 받아들이면 아이에게는 더 큰 수치심을 주게 됩니다.

앞에서 말한 것처럼 아주 흔한 일입니다. 너무 잦으면 문제가 될 수도 있겠지만 가끔은 똑똑한 아이들도 그런 실수를 합니다. 잘하려는 마음이 너무 앞서서 수업 시간에 화장실을 가지 않으려 참다가 하는 실수입니다. 또 유치원에 비해 아이당 화장실 수가 적기 때문에 기다리다 이런 실수가 일어날 수도 있습니다.

실수를 했을 때 처리하는 방법과 교사의 도움을 충분히 받을 수 있는 일이라는 이야기를 아이와 나누어야 합니다. 여자 아이의 경우 부끄러워할 수도 있으니 속옷이나 여분의 옷을 챙겨 주어 아이 스스로 처리할 수 있게 하는 것도 좋습니다.

싫어도 조금이라도 먹게 하자

교사들이 가장 두려워하는 시간 중 하나가 급식시간입니다. 요즘은 대부분 유치원에서 연습을 하고 오기 때문에 그래도 많이 안정되고 좋아졌지만 예상치 못한 문제가 많이 발생하는 시간이기도 합니다.

급식지도에 있어서 풀리지 않는 문제가 '편식 지도를 어느 선까지 할 것이냐?'입니다. 학교 급식에는 각종 야채들이 꼭 나오는데 편식이 심한 아이들은 손도 대지 않습니다.

Carnaby

어떤 부모님들은 학교에서나마 강제로 먹을 수 있도록 지도해 달라고 하고, 또 다른 부모님들은 그저 아이의 기호에 맞게 먹었으면 하고 바라십니다.

지도를 하는 입장에서도 언제나 부딪히는 의문들입니다. 싫어하는 음식을 꼭 억지로 먹여야 할 것인지 아니면 그냥 그 아이를 편식하도록 내버려 두어야 하는지 고민하게 만드는 사안입니다.

제가 생각하는 해결방법은 가정에 있습니다. 특히 각종 야채에 대한 아이의 거부감은 가정에서 없애 주어야 합니다. 한정된 시간에 아이들 개개인에게 지도하기는 어렵습니다. 또 교사와의 관계를 나쁘게 하는 원인이 될 수도 있습니다.

그러나 급식으로 받은 반찬은 아무리 적게 받아도 일단 맛을 보게 합니다. 미지의 음식에 거부감이 들 수 있지만 조금씩 맛보게 하여 아이 스스로 점점 늘려나가는 것이 좋다고 생각합니다.

급식 속도는 편식보다 더 문제가 많습니다. 빨리 밥을 먹는 것은 물론 좋지 않습니다. 저도 식사 속도가 평균에 비해 많이 느린 편이고, 딸아이도 저랑 같습니다. 그래서 유치원에 보내면서도 가장 걱정했던 부분이었고, 역시나 문제가 된 부분이었습니다.

학교에서 급식은 정해진 시간에 끝내야 합니다. 보통 급식을 받고 치우기까지 40~50분 정도 시간이 소요됩니다. 그런데 어떤 아이들은 정말 단 5분만에 식사를 끝내기도 하고, 어떤 아이들은 한 시간을 주어도 끝내지 못합니다. 문제는 교실에서 식사를 하기 때문에 얼른 나머지를 치우고 수업 준비를 해야 한다는 것입니다.

학기 초에는 기다려 주기도 합니다. 하지만 교사에 따라서 그 시간에 급식을 끝내는 것도 교육이라고 생각하는 분도 있습니다. 그렇게 틀린 말은 아닙니다. 부모의 입장에서 아이가 아직 식사를 끝내지 않았는데 억지로 종료시켰다는 말을 들으면 속이 많이 상하겠지만 수업을 진행시켜야 하는 교사의 입장에서 보면 충분히 이해가 가능한 상황이기도 합니다.

또 단순히 식사 속도가 늦어서 늦게 먹는 아이들보다 대부분이 식사에 집중하지 않고 다른 일을 하거나, 먹기 싫어 끝까지 버티는 아이들이 대부분입니다. 교사와의 기싸움이고, 또 한 번의 고비입니다. 끝까지 버틴 아이에게 먹기 싫어하는 것을 억지로 먹이느냐, 아니면 버리게 하느냐는 그 아이뿐 아니라 다른 아이들에게도 버티면 먹기 싫을 것을 버릴 수 있다는 생각을 갖게 할 수 있기 때문에 쉬운 결정이 아닙니다.

교사에 대한 불만을 얘기할 때, 급식에 대한 불만이 상당 부분 차지합니다. 저역시 그랬습니다. 식사 속도가 늦은 딸아이에게 앞으로 나와 선생님 옆에서 먹으라고 했다는 이야기에 많이 속상했었습니다. 유난히 자존심이 센 아이라 다른 아이들 보기에 부끄러웠는지 앞에서 많이 울었다고 하더군요. 결국 등원 거부까지 이어졌습니다. 조금만 더 배려해 주었으면 하는 마음에 솔직히 서운했습니다.

하지만 학급을 운영하면서 급식은 만만치 않은 활동입니다. 교사의 입장에서 효율적으로 운영하기 위한 고안책이었다고 생각합니다.

스스로 하도록 기다리자

　　　　　아이들은 학교에 입학 하면서 혼자 해야 하는 일이 많아집니다. 보통 학교에 입학하고 1주에서 2주 정도만 아침에 교실을 개방합니다. 학교에 아이를 데려다 주는 부모님께서 수업을 참관하실 수 있도록 하는 것입니다. 아이에게 불안감을 감소시키고, 또 부모님들의 불안감과 궁금증의 해결에도 도움이 됩니다. 하지만 그 시간이 길어지면 아이는 부모님께 의존하게 되고 제자리를 찾는데 많은 시간이 걸리게 됩니다.

　가끔 등교를 할 때 보면 아이 대신 엄마가 가방을 메고 와서는 아이 책상에 걸어 주고, 준비물과 자습까지 챙겨 주는 경우가 있습니다. 아이가 잘했으면 하는 마음, 걱정되는 마음은 너무나 이해가 되지만 아이에게 절대 도움이 되지 않는 행동입니다.

　시행착오는 누구나 겪습니다. 어른들 눈에는 미숙해 보이겠지만 아이 스스로 하는 것을 배우는 곳이 학교입니다. 조금은 마음에 차지 않더라도 기다려 주어야 합니다. 가방을 제대로 걸지 못하거나 준비물을 늘어놓아도, 3년 안된 며느리처럼 그냥 꾹 참고 기다려 주면 아이도 배워나갑니다. 또 그걸 가르치는 것이 교사입니다.

　아이의 행동에 대해 교사들도 일일이 지적하지 않습니다. 스스로 알아가게 하는 편이 더 좋습니다. 준비물을 챙겨 놓지 않으면 잃어버릴 수도 있고, 빨리 자습을 시작하지 못하면 제 시간에 끝마치지 못하게 됩니다. 바로 놓은 친구 신발이 삐뚤게 놓은 자기 신발보다 예뻐 보이고, 칭찬을 듣는 모습에 자기도 스스로 바르게 놓

는 법을 배우게 됩니다.

아이마다 배우는 시간이 다릅니다. 핀잔을 주거나 다른 아이와 비교하게 되면 아이는 수치심을 느낄 수도 있습니다. 오히려 지켜보며 아이가 잘한 점에 대해서 "와, ○○ 신발이 예쁘게 정리되어 있더라." 정도의 인정만으로도 아이는 잘해 나 갈 수 있습니다.

큰소리로 대답하게 연습시켜라

큰소리로 말하는 것은 약간의 기술과 연습이 필요합 니다. 기질적으로 어려워하는 아이들도 있습니다. 하지만 학교에서는 특히 저학년 일수록 목소리 큰 아이들이 똑똑해 보입니다. 그리고 각종 기회도 많이 얻게 됩니 다. 또 대답을 크게 하는 것만으로도 많은 칭찬을 받습니다.

쉽지만 끊임없이 아이에게 상기시켜야 버릇이 되는 것 중에 하나가 바른 자세로 인사하기, 크게 대답하기, 똑똑하게 말하기입니다. 적어도 입학하기 1년 전부터 평소 생활에서 어른이 부르면 대답부터 하는 버릇을 길러주는 것이 좋습니다. 이 름을 부르면 "네." 하고 대답하고 오는 것이 기본적인 예의입니다.

내 의견을 똑똑히 말하는 것도 연습이 필요한 부분입니다. 자기의 의견을 교사 에게 직접 얘기하지 않으면 교사가 그냥 지나치거나 모르는 경우도 있습니다. 상황에 대해 설명할 수 있는지, 자기가 생각하는 것을 자신있게 표현할 수 있는지, 많은 사람 앞에서 큰소리로 얘기할 수 있는지 한번쯤 확인해 보아야 합니다.

말하기는 제일 자신감이 필요한 부분 중 하나입니다. 그리고 절대 자연스럽게 향상되지 않습니다. 많은 연습을 통해 아이가 능숙해지고 자신있어지는 것입니다. 또 자신감과 연관된 것이기에 지적과 꾸지람으로는 절대 늘지 않는 부분이기도 합니다. 끊임없는 격려와 칭찬, 의견을 말할 수 있는 허용된 분위기로 꾸준히 오랜 기간을 연습해야 하는 것입니다.

앞에서 말한 것처럼 저학년의 경우 많은 아이들이 발표하는 것을 즐거워 합니다. 발표 기회를 갖지 못해 안타까워하는 아이가 있는 반면 전혀 손을 들지 않는 아이들도 있습니다. 모두 골고루 발표할 기회를 제공하지만, 손을 들지 않거나, 자신이 없어 하지 않으려 하는 아이에게는 어쩔 수 없이 기회가 많이 주어지지 않습니다. 하려는 아이들도 제한된 수업 시간에 다 못해 줄 때가 허다하기 때문입니다.

특히 아이들의 인식으로는 자기 의견을 잘 말하는 아이, 크게 대답하는 아이, 발표를 잘 하는 아이들이 똑똑해 보입니다. 또래의 인정이 아이들에게는 어른들의 인정보다도 더 크게 긍정적인 자극으로 작용한다고 했을 때, 큰소리로 말하는 법은 꼭 배우고 입학하는 것이 좋습니다.

꼭 알고 있어야 할 것들

학교에서 집까지 가는 길은, 언제나 가는 길이 아닌 잠시 벗어난 길에서도 찾을 수 있어야 합니다. 어떤 상황이 일어날지 모르고, 잠깐 벗어났다고 해도 학교나 집을 찾을 수 있도록 입학하기 전 학교 주변을 산책하거나 둘러보는 것이 좋습니다.

위험한 곳, 절대로 가서는 안 되는 곳도 알려주어야 합니다. 차가 많이 다니는 곳, 으슥한 곳 등에 대한 주의도 꼭 해 주어야 합니다.

하교 지도가 이루어지는 학교가 대부분이지만, 큰 건널목이나 특별히 위험한 곳까지만 이루어집니다. 아이들을 대상으로 하는 범죄나 사고가 대부분 이 시간에 이루어진다고 하니 아무리 조심해도 과하지 않다고 생각합니다.

자기 이름, 부모님 성함, 학교 이름, 집 주소, 전화번호 등은 꼭 알고 있어야 하는 것 중 하나입니다. 여기에 더하여 급한 경우 부모님께 연락을 취할 수 있는 방법도 가르쳐 주는 것이 좋습니다. 콜렉트콜의 사용이나 다른 사람에게 부탁하는 법, 급한 경우 교사나 주변 가게 등에 부탁할 수도 있다는 사실을 아이에게 여러 번 얘기해 주어야 합니다. 그래야 급한 경우에도 아이가 당황하지 않고 침착하게 대처할 수 있습니다. 학교 주변 가게에 부모님과 함께 방문해 보는 것도 아이가 급한 경우 쉽게 찾을 수 있게 하는 방법입니다.

시간 개념을 익히면 시간 관리가 가능하다

학교에서는 아이 스스로 활동해야 하므로 시계 보는 법을 가르쳐야 합니다. 학습으로 배우는 것은 후반기이지만, 아이가 학교생활을 하는데 시계를 볼 수 있게 되면 주도적인 활동이 가능해집니다. 시간 개념도 천천히 가르쳐야 합니다. 10분이 어느 정도 시간이며 40분이 어느 정도 시간인지를 가늠할 줄 알아야 수업 시간과 쉬는 시간, 점심시간을 제법 잘 활용할 수 있게 됩니다.

학교에서 시간을 효율적으로 사용하는 것은 중요한 일입니다. 아이에게 교사는 활동을 제시하면서 시간을 일러주는 경우가 많습니다. 몇 분에 끝낼 것이다. 그리고 몇 분 남았다는 사실을 안내해 줍니다.

평소에 아이에게 짧은 시간부터 천천히 "10분 정도만 하자." "한 시간 뒤에 자자." "놀이터에서 놀다가 5분 뒤에 가는 거야." 정도의 말들로도 아이에게 시간에 대한 개념을 알려줄 수 있습니다.

또 시간을 꼭 지키는 버릇을 길러야 합니다. 부모님과 약속한 시간을 제대로 지키기 위해서는 부모님께서 평소에 아이들과 약속한 시간을 지켜주는 것이 중요합니다. 컴퓨터를 10분 정도 하기로 했으면, 마치기 전에 몇 분 남았다는 예고를 해 주고 아이가 정리할 수 있도록 도와주며, 꼭 그 시간에 마칠 수 있도록 해야 합니다. 아이가 조른다고 해서 예외를 주게 되면 아이는 시간 약속이란 어길 수도 있다고 생각하게 되어 점점 더 힘들어집니다.

천천히 등교 시간을 준비하자

초등학교 등교 시간은 보통 8시 20분부터 40분 정도입니다. 유치원 등원 시간보다 한 시간 정도 빠르고, 거의 대부분 걸어서 학교에 등교하므로 아침에는 여유있게 준비해야 합니다.

적어도 1년 정도 시간을 두고 조금씩 취침 시간을 당기고, 기상 시간을 앞당겨서 아침 시간을 활용할 수 있도록 해야 합니다.

아침밥을 먹는 것이 아이의 뇌활동을 위해 꼭 필요하다는 것은 이미 많이 들어 알고 계실 것입니다. 앞에서 말했듯이 아침을 즐겁게 시작하지 않으면 하루가 힘듭니다. 깨자마자 허둥지둥 학교에 온 아이들이 상당 시간 멍하게 있을 수밖에 없는 이유이기도 합니다.

또 유치원보다 지각하는 것에 대해 엄합니다. 아침 자습 등 해야 할 일도 하지 못하게 됩니다. 그럼 그 활동을 보상하기 위해 대부분 쉬는 시간이나 점심시간에 활동을 마무리 하여야 합니다. 이런 상황들이 계속 되풀이 되면 아이가 학교에 거부감을 가질 수도 있습니다.

아이가 아침밥을 먹고, 여유있게 해야 할 일을 처리한 후 학교까지 가는 시간을 대강 계산하여 아이의 아침을 미리 연습시켜야 합니다. 습관이 되면 전혀 어렵지 않은 일입니다.

학부모,

7장

학교와 친해지기

① 방과후 수업

　　　　　예체능, 학습에 도움을 주는 활동, 취미 활동 등 많은 분야
의 활동들이 준비되어 있습니다. 교사가 가르치기도 하고, 외부 강사가 들어 와서
가르치기도 합니다. 아이가 해당 교실을 찾아가 수업을 듣고, 출결 상황에 대해서
담임교사와 연계하여 관리합니다.

　수준이 꽤 높고, 아이들이 좋아하는 과목들도 많습니다. 보통 인기 있는 강좌들
은 빠른 시간에 마감되기도 하니, 미리미리 알아보고 준비하는 것이 좋습니다. 가
격은 보통 다른 곳에서 배우는 것보다 훨씬 저렴하며, 반 아이들과 같이 활동을 하
면서 친구를 사귈 수 있는 기회가 되기도 합니다. 반의 특성에 따라 한 학기에 한
번씩 발표회를 열거나 전시회, 열린 수업을 갖기도 합니다.

　보통 신청은 프린터물로 나가는 안내장에 신청서를 써서 제출하게 되어 있고,
강습비는 스쿨뱅킹으로 하거나, 직접 담당교사나 담임교사에게 내는 방법으로 이
루어집니다.

② 학부모 단체 활동

　　　　　학부모회는 학교마다 그 구성이 조금씩 다르지만 대체
적으로 학부모회, 녹색어머니회, 도서실 도우미, 청소년 단체 등이 있습니다.

　학교 행사에 대한 일로 학부모들께 회비를 받거나 하는 등의 재정적인 요청은
일절 없습니다. 학부모회의 장점은 학교를 자주 방문하니 교사와 더 가까워질 수
있어 아이에 대한 정보를 많이 가져갈 수 있다는 것입니다. 또 아이들도 엄마를 학
교에서 볼 수 있어 좋아하기도 합니다.

　하지만 정말 봉사한다는 마음 없이는 어려운 활동들이 많습니다. 직접 참여해보
지 않아 구체적으로 말씀드리기는 어렵지만 그렇게 쉽지만은 않은 활동들입니다.
시간도 많이 내야 하고, 학교에 도움이 된다는 의무감 없이는 하기 힘든 활동들이
라고 생각합니다.

　직장에 다녀 이런 학부모 활동에 참여를 못하는 부모님 중엔 아이에게 혹시 좋지
않은 영향을 끼칠까 염려하는 분들도 있지만 그렇지는 않습니다. 충분히 교사와 대
화의 시간을 갖고, 학교 홈페이지에서도 학교 소식을 접할 수 있습니다.

구분	학급별 인원	하는 일
학부모회	2~3	★ 학급별 교수·학습 돕기(자료 제작 지원 등) ★ 스승의 날 일일교사체험 등의 교사 도우미 역할 ★ 학교 행사시 참여 ★ 현장학습, 체험학습 등 학습 활동 시 참여 ★ 학교운영위원회에 대한 의견 제시
녹색 어머니회	2~4	★ 교통안전 활동 ★ 등하교시 학생 안전 지도 및 지원 ★ 안전교육 연수 참여
도서실 명예 교사회	1~2	★ 우수 도서 선정 및 대출 관리 ★ 어린이 도서 활동 도움 ★ 각종 도서와 관련된 행사 지원, 도서실 관리 및 운영 지원
학교급식 위원회	1~2	★ 식재료의 검수 과정 참여 ★ 조리 과정의 참관 또는 참여 ★ 개인위생, 시설 설비 위생·관리 등 위생관리 실태 공동 점검 ★ 배식 과정의 참관 또는 참여 ★ 식단의 검토 ★ 기타 급식과 관련한 수요자의 의견 참여
청소년 단체	2~3	★ 각 학교의 스카웃, 해양청소년단 등의 활동에 참여

★ 각 학교마다 차이가 있습니다.

③ 체험학습과 교환학습

　　　　　　현재 학교에서는 학교 밖의 여러 가지 체험 교육을 권장하고 있습니다. 그래서 가족 단위의 여행이나 행사에 참여해야 할 경우 학교에 미리 체험학습을 신청하고 다녀오면 결석이 되지 않습니다.

　체험학습은 미리 담임교사에게 신청서를 받아 날짜를 알리고, 다녀온 뒤 보고서를 교사에게 제출하면 됩니다. 이 서류들은 학교에서 아이의 출결석 상황에 대한 증빙서류로 쓰이게 되므로 꼭 해 주어야 합니다. 형식이나 내용에 크게 구애받지 않고, 아이와 즐겁게 다녀온 곳에 대해 이야기를 나누거나 그림을 그리고 사진을 붙이는 활동들로 간단히 채우면 됩니다.

　국내외 모두 가능 기간은 일요일과 공휴일을 포함하여 1주일 이내입니다. 총 체험학습일은 해당학년 수업일수의 10% 이내로 정하고 있습니다. 초등학교 수업일수가 연간 220일 정도이니 22일 정도가 가능하다고 생각하면 됩니다.

　교환학습은 서울 이외의 모든 지역의 학교와 가능합니다. 기간은 학생과 학부모의 희망을 존중하되, 소속 학교장의 의뢰와 현지 학교장이 허가하는 기간으로 합니다. 보통 국내는 3개월 이내이고, 국외는 1개월 이내로 허가합니다.

4 학부모 오리엔테이션

　　　　　3월 두세 번째 주에 학부모 오리엔테이션을 가지게 됩니다. 그 자리에서 학부모 임원들을 선출하게 되고, 학교생활 전반에 대한 설명, 학교 운영, 학급 운영 등에 대한 설명을 듣습니다. 또 교사와의 면담도 하게 됩니다.

　학기 초이기 때문에 아이의 작품이나 학교생활에 대해 심층적인 상담을 받기에는 무리가 있으나 교사의 교육방식을 알고, 또 아이에 대해 이야기를 나눌 수 있는 아주 중요한 자리라고 생각합니다. 또한 같은 반 어머님들과 만나 교류도 할 수 있습니다.

　가능한 학교에서 이루어지는 행사에는 꼭 참여하기를 권하고 싶습니다. 몰랐던 아이의 집단 속에서의 모습을 볼 수 있고, 많은 이야기와 정보를 들을 수 있습니다. 특히 학기 초에 이루어지는 학부모 총회에서는 1년을 이끌어가는 교사의 수업, 생활 지도 방법을 듣는 자리이므로 부모님께서 꼭 듣고 준비해 주어야 하는 것이 많습니다.

5 월별 학교 행사

　　　　　각 학교마다 행사가 다르고, 또 그 시기도 조금씩 다릅니다. 운동회를 하는 학교가 있고, 발표회나 전시회를 하는 학교가 있습니다. 학교마다 조금씩 다를 수 있다는 전제하에 참고용으로 정리해 보았습니다.

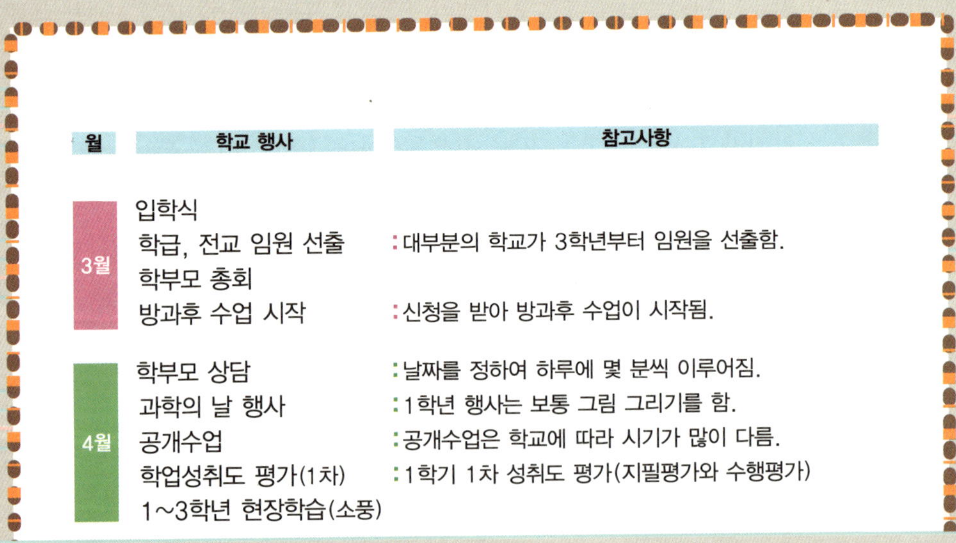

월	학교 행사	참고사항
3월	입학식 학급, 전교 임원 선출 학부모 총회 방과후 수업 시작	:대부분의 학교가 3학년부터 임원을 선출함. :신청을 받아 방과후 수업이 시작됨.
4월	학부모 상담 과학의 날 행사 공개수업 학업성취도 평가(1차) 1~3학년 현장학습(소풍)	:날짜를 정하여 하루에 몇 분씩 이루어짐. :1학년 행사는 보통 그림 그리기를 함. :공개수업은 학교에 따라 시기가 많이 다름. :1학기 1차 성취도 평가(지필평가와 수행평가)

5월	소체육대회	: 어린이날 기념행사로 달리기, 작은 게임 등을 하게 되며, 보통 오전에 끝이 남.
	바자회	: 봄 또는 가을에 열리며, 집에서 쓰지 않는 물건들을 기부 받아 판매함.
6월	줄넘기 대회	: 1학년 종목은 앞으로 넘기와 뒤로 넘기가 보통임.
	호국보훈의 날 행사	: 6 · 25를 맞아 저학년은 대부분 그리기대회를 개최
	학업성취도 평가(2차)	: 1학기 2차 성취도 평가(지필평가와 수행평가)
7월	여름방학	
	방과후 수업 실시	: 여름방학 중에도 방과후 수업이 실시됨.
	통지표	: 1학기 통지표를 나누어 줌.
8월	여름방학	
9월	학급, 전교 임원 선출	: 9월 말에서 10월 초에 열리며, 그 형태는 학교마다 차이가 큼.
	방과후 수업	
	운동회	
10월	학업성취도 평가(1차)	: 2학기 1차 성취도 평가(지필평가와 수행평가)
	현장학습	
11월	다독상, 독서감상문 등의 시상	: 독서감상문 쓰기, 다독상 등을 누적하여 시상하며, 그 시기와 방법, 횟수는 학교 마다 다름.
12월	학업성취도 평가(2차)	: 2학기 2차 성취도 평가(지필평가와 수행평가)
	겨울방학식	: 마지막 성취도 평가로 1년 동안의 성적과 학생기록부 등 아이들에 관한 작업을 완료하는 시기
1월	겨울방학	
2월	분반작업	: 1학기 성적을 기반으로 분반 작업이 이루어지며, 대부분 학년말 방학식에서 통지표와 함께 알려 줌.
	종업식, 졸업식	
	학년말 방학(봄방학)	

2011년 2월 16일 초판 1쇄 인쇄 | 2011년 2월 21일 초판 1쇄 발행

글 황진영

펴낸이 정태선
기획·편집 안경란 | 디자인 고정자

펴낸곳 파란정원 | 출판등록 제312-2009-000054호
주소 경기도 고양시 덕양구 토당동 335-72 1층 | 전화 031-970-1628 | 팩스 031-970-1629
홈페이지 Http://www.eatingbooks.co.kr | 전자우편 eatingbooks@naver.com
출력 스크린출력 | 종이 세종페이퍼 | 인쇄 (주)풀빛디엔피 | 제본 경문제책사

ⓒ황진영 2011
ISBN 978-89-94813-02-8 13370

이 책은 저작권법에 따라 보호받는 저작물이므로 무단전재와 무단복제를 금지하며,
이 책 내용의 전부 또는 일부를 이용하려면 반드시 저작권자와 파란정원의 동의를 얻어야 합니다.
＊잘못된 책은 구입하신 서점에서 바꿔 드립니다.